॥ श्रीरामचरितमानस ॥

सुन्दरकाण्ड

लेखक

डायमंड पॉकेट बुक्स

प्रकाशक : डायमंड पॉकेट बुक्स (प्रा.) लि.

ओखला इंडस्ट्रियल एरिया, फेज-II, नई दिल्ली-110020

फोन : 011-40712200

ई-मेल : sales@dpb.in

वेबसाइट : www.dpb.in

संस्करण : 2022

॥ श्रीरामचरितमानस ॥

सुन्दरकाण्ड

॥ श्रीरामचरितमानस ॥

सुन्दरकाण्ड

शान्तं शाश्वतमप्रमेयमनघं निर्वाणशान्तिप्रदं
ब्रह्माशम्भुफणीन्द्रसेव्यमनिशं वेदान्तवेद्यं विभुम्।
रामाख्यं जगदीश्वरं सुरगुरुं मायामनुष्यं हरिं
वन्देऽहं करुणाकरं रघुवरं भूपालचूडामणिम्॥

शान्तं शाश्वतमप्रमेयमनघं निर्वाणशान्तिप्रदं
ब्रह्माशम्भुफणीन्द्रसेव्यमनिशं वेदान्तवेद्यं विभुम्।
रामाख्यं जगदीश्वरं सुरगुरुं मायामनुष्यं हरिं
वन्देऽहं करुणाकरं रघुवरं भूपालचूड़ामणिम्॥

शांत स्वभाव वाले, आदि और अंत से परे, प्रमाणों की सीमा से बाहर, पाप रहित, मोक्षस्वरूप, सब प्रकार की शांति प्रदान करने वाले, ब्रह्मा शिव और शेषनाग द्वारा निरंतर सेवा किए जाने वाले, उपनिषदों में वाले, देवताओं अपनी ही माया से अवतार धारण कर मनुष्य रूप में दीखने वाले, समस्त राजाओं में शिरोमणि स्वरूप, श्रीराम नाम से प्रसिद्ध, संपूर्ण संसार के ईश्वर को मैं प्रणाम करता हूं।

नान्या स्पृहा रघुपते हृदयेऽस्मदीये
सत्यं वदामि च भवानखिलान्तरात्मा।
भक्तिं प्रयच्छ रघुपुङ्गव निर्भरां मे
कामादिदोषरहितं कुरु मानसं च॥

हे रघुनाथजी! आप तो सबके हृदय में विद्यमान हैं अर्थात सभी के हृदय की बात जानते हैं इसलिए मैं सत्य कहता हूं कि अन्य कुछ भी पाने का मोह नहीं है। हे रघुकुल शिरोमणि! आप मुझे अपनी ऐकान्तिक और अनन्य भक्ति प्रदान कीजिए और मेरे मन को काम, क्रोध, लोभ, मोह आदि विकारों से मुक्त कीजिए।

अतुलितबलधामं हेमशैलाभदेहं
दनुजवनकृशानुं ज्ञानिनामग्रगण्यम्।
सकलगुणनिधानं वानराणामधीशं
रघुपतिप्रियभक्तं वातजातं नमामि॥

असीमित शक्ति के स्वामी, सोने के पर्वत अर्थात सुमेरु के समान आभायुक्त शरीर वाले, दानवरूपी वन को जलाने के लिए अग्नि के समान, भगवत्तवेत्ताओं में अग्रगण्य, सभी प्रकार

के गुणों के निधान, वानर समूह के स्वामी, भगवान श्री? रामचंद्रजी के रमप्रिय भक्त वायुनंदन श्री हनुमानजी को मैं प्रणाम करता हूं।

जामवंत के बचन सुहाए। सुनि हनुमंत हृदय अति भाए।।
तब लगि मोहि परिखेहु तुम्ह भाई। सहि दुख कंद मूल फल खाई।।

जामवंत जी के सुहावने वचन सुनकर हनुमानजी को अपने मन में वे वचन बहुत अच्छे लगे और हनुमानजी ने कहा की हे भाइयों! आप लोग कन्द, मूल व फल खाकर, दुःख सहकर मेरी राह देखना।

जब लगि आवौं सीतहि देखी। होइहि काजु मोहि हरष बिसेषी।।
यह कहि नाइ सबन्हि कहुँ माथा। चलेउ हरषि हियँ धरि रघुनाथा।।

जबतक मैं सीताजी को देखकर लौट न आऊँ, क्योंकि कार्य सिद्ध होने पर मन को बड़ा हर्ष होगा। ऐसे कह, सबको नमस्कार करके, रामचन्द्रजी का हृदय में ध्यान धरकर, प्रसन्न होकर हनुमानजी लंका जाने के लिए चले।

सिंधु तीर एक भूधर सुंदर। कौतुक कूदि चढ़ेउ ता ऊपर।।
बार-बार रघुबीर सँभारी। तरकेउ पवनतनय बल भारी।।

समुद्र के तीर (किनारे) पर एक सुन्दर पहाड़ था। उसपर कूदकर हनुमानजी कौतुकी से चढ़ गए। फिर बारंबार रामचन्द्रजी का स्मरण करके, बड़े पराक्रम के साथ हनुमानजी ने गर्जना की।

जेहिं गिरि चरन देइ हनुमंता। चलेउ सो गा पाताल तुरंता।।
जिमि अमोघ रघुपति कर बाना। एही भाँति चलेउ हनुमाना।।

कहते हैं जिस पहाड़ पर हनुमानजी ने पाँव रखकर ऊपर छलांग लगाई थी, वह पहाड़ तुरंत पाताल के अन्दर चला गया जैसे श्रीरामचंद्रजी का अमोघ बाण जाता है, इस प्रकार हनुमानजी वहां से चले।

जलनिधि रघुपति दूत बिचारी। तैं मैनाक होहि श्रम हारी।।

समुद्र ने हनुमानजी को श्रीराम (रघुनाथ) का दूत जानकर

मैनाक नामक पर्वत से कहा की हे मैनाक! तू जा, और इनको ठहरा कर श्रम मिटानेवाला हो।

दोहा-हनूमान तेहि परसा कर पुनि कीन्ह प्रनाम।
राम काजु कीन्हें बिनु मोहि कहाँ बिश्राम॥

हनुमानजी ने उसको अपने हाथ से छूकर फिर उसको प्रणाम किया, और कहा की रामचन्द्रजी का कार्य किये बिना मुझको विश्राम कहां है ?

जात पवनसुत देवन्ह देखा। जानैं कहुँ बल बुद्धि बिसेषा॥
सुरसा नाम अहिन्ह कै माता। पठइन्हि आइ कही तेहिं बाता॥

हनुमानजी को जाते देखकर उनके बल और बुद्धि के वैभव को जानने के लिए देवताओं ने नाग माता सुरसा को भेजा। उस नागमाता ने आकर हनुमानजी से यह बात कही।

आजु सुरन्ह मोहि दीन्ह अहारा। सुनत बचन कह पवनकुमारा॥
राम काजु करि फिरि मैं आवौं। सीता कइ सुधि प्रभुहि सुनावौं॥

आज तो मुझको देवताओं ने यह अच्छा आहार दिया। यह बात सुनके हँस कर, हनुमानजी बोले मैं रामचन्द्रजी का काम करके लौट आऊं और सीताजी की खबर रामचन्द्रजी को सुना दूं।

तब तव बदन पैठिहउँ आई। सत्य कहउँ मोहि जान दे माई॥
कवनेहुँ जतन देइ नहिं जाना। ग्रससि न मोहि कहेउ हनुमाना॥

तब हे माता ! मै आकर आपके मुँह में प्रवेश करूंगा, अभी तू मुझे जाने दे। इसमें कुछ भी फर्क नहीं पड़ेगा। मै तुझे सत्य कहता हूँ। जब उसने किसी उपाय से उनको जाने नहीं दिया, तब हनुमानजी ने कहा कि तू क्यों देरी करती है? तू मुझको नही खा सकती।

जोजन भरि तेहिं बदनु पसारा। कपि तनु कीन्ह दुगुन बिस्तारा॥
सोरह जोजन मुख तेहिं ठयऊ। तुरत पवनसुत बत्तिस भयऊ॥

सुरसा ने अपना मुंह एक योजनभर में फैलाया। हनुमानजी ने अपना शरीर दो योजन विस्तारवाला किया। तब सुरसा ने अपना

मुँह सोलह (१६) योजन में फैलाया। हनुमानजी ने अपना शरीर तुरंत बत्तीस (३२) योजन बड़ा कर लिया।

जस जस सुरसा बदनु बढ़ावा। तासु दून कपि रूप देखावा।।
सत जोजन तेहिं आनन कीन्हा। अति लघु रूप पवनसुत लीन्हा।।

सुरसा ने जैसाख्रजैसा मुंह फैलाया, हनुमानजी ने वैसे ही अपना स्वरुप उससे दुगना दिखाया। जब सुरसा ने अपना मुंह सौ योजन (चार सौ कोस का) में फैलाया, तब हनुमानजी तुरंत बहुत छोटा स्वरुप धारण कर।

बदन पइठि पुनि बाहेर आवा। मागा बिदा ताहि सिरु नावा।।
मोहि सुरन्ह जेहि लागि पठावा। बुधि बल मरमु तोर मैं पावा।।

उसके मुंह में पैठ कर (घुसकर) झट बाहर चले आए। फिर सुरसा से विदा मांग कर हनुमान जी ने प्रणाम किया। उस समय सुरसा ने हनुमानजी से कहा की हे हनुमान! देवताओं ने मुझको जिसके लिए भेजा था, वह तेरा बल और बुद्धि का भेद मैंने अच्छी तरह पा लिया है।

दोहा-राम काजु सबु करिहहु तुम्ह बल बुद्धि निधान।
आसिष देइ गई सो हरषि चलेउ हनुमान।।

तुम बल और बुद्धि के भण्डार हो, सो श्रीरामचंद्रजी के सब कार्य सिद्ध करोगे। ऐसे आशीर्वाद देकर सुरसा तो अपने घर को चली, और हनुमानजी प्रसन्न होकर लंका की ओर चले।

निसिचरि एक सिंधु महुँ रहई। करि माया नभु के खग गहई।।
जीव जंतु जे गगन उड़ाहीं। जल बिलोकि तिन्ह कै परिछाहीं।।

समुद्र के अन्दर एक राक्षस रहता था। सो वह माया करके आकाशचारी पक्षी और जंतुओं को पकड़ लिया करता था। जो जीवख्रजन्तु आकाश में उड़कर जाता, उसकी परछाई जल में देखकर, परछाई को जल में पकड़ लेता।

गहइ छाहँ सक सो न उड़ाई। एहि बिधि सदा गगनचर खाई।।
सोइ छल हनूमान कहँ कीन्हा। तासु कपटु कपि तुरतहिं चीन्हा।।

परछाई को जल में पकड़ लेता, जिससे वह जीवख्रजंतु फिर वहा से सरक नहीं सकता। इस तरह वह हमेशा आकाशचारी जीव जन्तुओं को खाया करता था, उसने वही कपट हनुमान जीसे किया। हनुमान जी ने उसका वह छल तुरंत पहचान लिया।

ताहि मारि मारुतसुत बीरा। बारिधि पार गयउ मतिधीरा।।
तहाँ जाइ देखी बन सोभा। गुंजत चंचरीक मधु लोभा।।

धीर बुद्धिवाले पवनपुत्र वीर हनुमानजी उसे मारकर समुद्र के पार उतर गए। वहां जाकर हनुमानजी वन की शोभा देखते हैं कि भ्रमर मकरंद के लोभ से गुँजाहट कर रहे हैं।

नाना तरु फल फूल सुहाए। खग मृग बृंद देखि मन भाए।।
सैल बिसाल देखि एक आगें। ता पर धाइ चढ़ेउ भय त्यागें।।

अनेक प्रकार के वृक्ष फल और फूलों से शोभायमान हो रहे हैं। पक्षी और हिरणों का झुंड देखकर मन मोहित हुआ जाता है। वहां सामने हनुमान एक बड़ा विशाल पर्वत देखकर निर्भय होकर (भय त्यागकर) उस पहाड़ पर कूदकर चढ़ बैठे।

उमा न कछु कपि कै अधिकाई। प्रभु प्रताप जो कालहि खाई।।
गिरि पर चढ़ि लंका तेहिं देखी। कहि न जाइ अति दुर्ग बिसेषी।।

महादेव जी कहते हैं कि हे पार्वती! इसमें हनुमान की कुछ भी अधिकता नहीं है। यह तो केवल एक रामचन्द्रजी के ही प्रताप का प्रभाव है कि जो काल को भी खा जाता है। पर्वत पर चढ़कर हनुमानजी ने लंका को देखा, तो वह ऐसी बड़ी दुर्गम है की जिसके विषय में कुछ कहा नहीं जा सकता।

अति उतंग जलनिधि चहु पासा। कनक कोट कर परम प्रकासा।।

पहले तो वह पुरी बहुत ऊँची, फिर उसके चारों ओर समुद्र की खाई। उस पर भी सुवर्ण के कोट का महाप्रकाश कि जिससे किसी के भी नेत्र चकाचौंध हो जावें।

छंद-कनक कोटि बिचित्र मनि कृत सुंदरायतना घना।
चउहट्ट हट्ट सुबट्ट बीथीं चारु पुर बहु बिधि बना।।

गज बाजि खच्चर निकर पदचर रथ बरूथन्हि को गनै।
बहुरूप निसिचर जूथ अतिबल सेन बरनत नहिं बनै॥

उस नगरी का रत्नों से जड़ा हुआ सुवर्ण का कोट अतिव सुन्दर बना हुआ है। चौहटे, दुकानें व सुन्दर गलियों के बहार उस सुन्दर नगरी के अन्दर बनी है। जहां हाथी, घोड़े, खच्चर, पैदल सेना व रथों की गिनती कोई नहीं कर सकता और जहां महाबली अद्‌भुत रूपवाले राक्षसों की सेना के झुंड इतने हैं की जिसका वर्णन किया नहीं जा सकता।

बन बाग उपबन बाटिका सर कूप बापीं सोहहीं।
नर नाग सुर गंधर्ब कन्या रूप मुनि मन मोहहीं॥
कहुँ माल देह बिसाल सैल समान अतिबल गर्जहीं।
नाना अखारेन्ह भिरहिं बहुबिधि एक एकन्ह तर्जहीं॥

जहां वन, बागख्रबागीचे, बावडियां, तालाब, कुएँ आदि शोभायमान हो रहे हैं। जहां मनुष्यकन्या, नागकन्या, देवकन्या और गन्धर्व कन्यायें विराजमान हो रही हैं जिनका रूप देखकर मुनि लोगों का भी मन मोहित हुआ जाता है।

कहीं पर्वत के समान बड़े विशाल देहवाले महाबलिष्ट मल्ल गर्जना करते हैं और अनेक अखाड़ों में अनेक प्रकार से भिड रहे हैं और एकख्रएक को आपस में पटकख्रपटक कर गर्जना कर रहे हैं।

करि जतन भट कोटिन्ह बिकट तन नगर चहुँ दिसि रच्छहीं।
कहुँ महिष मानुष धेनु खर अज खल निसाचर भच्छहीं॥
एहि लागि तुलसीदास इन्ह की कथा कछु एक है कही।
रघुबीर सर तीरथ सरीरन्हि त्यागि गति पैहहिं सही॥

जहां कहीं विकट शरीर वाले करोडों भट चारों तरफ से नगर की रक्षा करते हैं और कही वे राक्षस लोग भैंसे, मनुष्य, गौ, गधे, बकरे और पक्षीयों को खा रहे हैं। राक्षसों का आचरण बहुत बुरा है इसीलिए तुलसीदासजी कहते हैं कि मैंने इनकी

कथा बहुत संक्षेप से कही है। ये महादुष्ट हैं, परन्तु रामचन्द्रजी के बानरूप पवित्र तीर्थ नदी के अन्दर अपना शरीर त्यागकर गति अर्थात मोक्ष को ही प्राप्त होंगे।

दोहा-पुर रखवारे देखि बहु कपि मन कीन्ह बिचार।
अति लघु रूप धरों निसि नगर करौं पइसार॥

हनुमानजी ने बहुत से रखवालो को देखकर मन में विचार किया की मैं छोटा रूप धारण करके नगर में प्रवेश करूँ।

मसक समान रूप कपि धरी। लंकहि चलेउ सुमिरि नरहरी॥
नाम लंकिनी एक निसिचरी। सो कह चलेसि मोहि निंदरी॥

हनुमानजी मच्छर के समान, छोटा-सा रूप धारण कर, प्रभु श्री रामचन्द्रजी के नाम का सुमिरन करते हुए लंका में प्रवेश करते हैं। लंका के द्वार पर हनुमानजी की भेंट लंकिनी नाम की एक राक्षसी से होती है। वह पूछती है कि मेरा निरादर करके कह जा रहे हो।

जानेहि नहीं मरमु सठ मोरा। मोर अहार जहाँ लगि चोरा॥
मुठिका एक महा कपि हनी। रुधिर बमत धरनीं ढनमनी॥

तूने मेरा भेद नहीं जाना? जहाँ तक चोर हैं, वे सब मेरे ही आहार हैं। यह सुनकर महाकपि हनुमानजी उसे एक घूँसा मारते हैं, जिससे वह पृथ्वी पर लुढक पड़ती है।

पुनि संभारि उठी सो लंका। जोरि पानि कर बिनय ससंका।
जब रावनहि ब्रह्म बर दीन्हा। चलत बिरंच कहा मोहि चीन्हा॥

वह राक्षसी लंकिनी अपने को सँभालकर फिर उठती है और डर के मारे हाथ जोड़कर हनुमानजी से कहती है। जब ब्रह्मा ने रावण को वर दिया था, तब चलते समय उन्होंने राक्षसों के विनाश की यह पहचान मुझे बता दी थी।

बिकल होसि तैं कपि कें मारे। तब जानेसु निसिचर संघारे॥
तात मोर अति पुन्य बहूता। देखेउँ नयन राम कर दूता॥

जब तू बंदर के मारने से व्याकुल हो जाए, तब तू राक्षसों का

संहार हुआ जान लेना। हे तात ! मेरे बड़े पुण्य हैं, जो मैं श्री रामजी के दूत को अपनी आँखों से देख पाई।

दोहा-तात स्वर्ग अपबर्ग सुख धरिअ तुला एक अंग।
तूल न ताहि सकल मिलि जो सुख लव सतसंग॥

हे तात! स्वर्ग और मोक्ष के सब सुखों को तराजू के एक पलड़े में रखा जाए, तो भी वे सब मिलकर उस सुख के बराबर नहीं हो सकते, जो क्षण मात्र के सत्संग से होता है।

प्रबिसि नगर कीजे सब काजा। हृदयँ राखि कोसलपुर राजा॥
गरल सुधा रिपु करहिं मिताई। गोपद सिंधु अनल सितलाई॥

अयोध्यापुरी के राजा रघुनाथ को हृदय में रखे हुए नगर में प्रवेश करके सब काम कीजिए। उसके लिए विष अमृत हो जाता है, शत्रु मित्रता करने लगते हैं, समुद्र गाय के खुर के बराबर हो जाता है, अग्नि में शीतलता आ जाती है।

गरुड़ सुमेरु रेनु सम ताही। राम कृपा करि चितवा जाही॥
अति लघु रूप धरेउ हनुमाना। पैठा नगर सुमिरि भगवाना॥

हे गरुड़! सुमेरु पर्वत उसके लिए रज के समान हो जाता है, जिसे राम ने एक बार कृपा करके देख लिया। तब हनुमान जी ने बहुत ही छोटा रूप धारण किया और भगवान का स्मरण करके नगर में प्रवेश किया।

मंदिर मंदिर प्रति करि सोधा। देखे जहँ तहँ अगनित जोधा॥
गयउ दसानन मंदिर माहीं। अति बिचित्र कहि जात सो नाहीं॥

उन्होंने एक-एक (प्रत्येक) महल की खोज की जहाँ-तहाँ असंख्य योद्धा देखे। फिर वे रावण के महल में गए वह अत्यंत विचित्र था, जिसका वर्णन नहीं किया सकता।

सयन किएँ देखा कपि तेही। मंदिर महुँ न दीखि बैदेही॥
भवन एक पुनि दीख सुहावा। हरि मंदिर तहँ भिन्न बनावा॥

हनुमानजी ने महल में रावण को सोया हुआ देखा। वहां भी

हनुमानजी ने सीताजी की खोज की, परन्तु सीताजी उस महल में कही भी दिखाई नहीं दीं। फिर उन्हें एक सुंदर भवन दिखाई दिया। उस महल में भगवान का एक मंदिर बना हुआ था।

दोहा-रामायुध अंकित गृह सोभा बरनि न जाइ।
नव तुलसिका बृंद तहँ देखि हरष कपिराई।।

वह महल राम के आयुध (धनुष-बाण) के चिह्नों से अंकित था, उसकी शोभा वर्णन नहीं की जा सकती। वहाँ नवीन-नवीन तुलसी के वृक्ष-समूहों को देखकर कपिराज हनुमान हर्षित हुए।

लंका निसिचर निकर निवासा। इहाँ कहाँ सज्जन कर बासा।।
मन महुँ तरक करैं कपि लागा। तेहीं समय बिभीषनु जागा।।

उन्होंने सोचा की यह लंका नगरी तो राक्षसों के कुल की निवास भूमी है। यहाँ सत्पुरुषों के रहने का क्या काम? इस तरह हनुमानजी मन ही मन में विचार करने लगे। इतने में विभीषण की आँख खुली।

राम राम तेहिं सुमिरन कीन्हा। हृदयँ हरष कपि सज्जन चीन्हा।।
एहि सन सठि करिहउँ पहिचानी। साधु ते होइ न कारज हानी।।

जागते ही उन्होंने 'राम! राम!' ऐसा स्मरण किया, तो हनुमानजी ने जाना की यह कोई सत्पुरुष है। इस बात से हनुमानजी को बड़ा आनंद हुआ। हनुमानजी ने विचार किया कि इनसे जरूर पहचान करनी चहिये, क्योंकि सत्पुरुषों के हाथ कभी कार्य की हानि नहीं होती।

बिप्र रूप धरि बचन सुनाए। सुनत बिभीषन उठि तहँ आए।।
करि प्रनाम पूँछी कुसलाई। बिप्र कहहु निज कथा बुझाई।।

फिर हनुमानजी ने ब्राम्हण का रूप धरकर वचन सुनाया तो वह वचन सुनते ही विभीषण उठकर उनके पास आये और प्रणाम करके कुशल पूँछा, की हे विप्र (ब्राह्मणदेव)! जो आपकी बात हो सो हमें समझाकर कहो।

की तुम्ह हरि दासन्ह महँ कोई। मोरें हृदय प्रीति अति होई।।

की तुम्ह रामु दीन अनुरागी। आयहु मोहि करन बड़भागी॥

विभीषण ने कहा कि शायद आप कोई भगवन्तों में से तो नहीं हो! क्योंकि मेरे मन में आपकी ओर बहुत प्रीती बढती जाती है अथवा मुझको बडभागी करने के वास्ते भक्तों पर अनुराग रखनेवाले आप साक्षात दीनबन्धु ही तो नहीं पधार गए हो।

दोहा-तब हनुमंत कही सब राम कथा निज नाम।
सुनत जुगल तन पुलक मन मगन सुमिरि गुन ग्राम॥

विभिषण के ये वचन सुनकर हनुमानजी ने रामचन्द्रजी की सब कथा विभीषण से कही और अपना नाम बताया। परस्पर की बातें सुनते ही दोनों के शरीर रोमांचित हो गए और श्री रामचन्द्रजी का स्मरण आ जाने से दोनों आनंदमग्न हो गए।

सुनहु पवनसुत रहनि हमारी। जिमि दसनन्हि महुँ जीभ बिचारी॥
तात कबहुँ मोहि जानि अनाथा। करिहहिं कृपा भानुकुल नाथा॥

विभीषण कहते हैं की हे हनुमानजी! हमारी रहनी हम कहते हैं? सो सुनो। जैसे दांतों के बीच में जीभ रहती है, ऐसे ही हम इन राक्षसों के मध्य में रहते हैं। हे प्यारे! वे सूर्यकुल के नाथ (रघुनाथ) मुझको अनाथ जानकर क्या कभी कृपा करेंगे।

तामस तनु कछु साधन नाहीं। प्रीत न पद सरोज मन माहीं॥
अब मोहि भा भरोस हनुमंता। बिनु हरिकृपा मिलहिं नहिं संता॥

जिससे प्रभु कृपा करें ऐसा साधन तो मेरे है नहीं। क्योंकि मेरा शरीर तो तमोगुणी राक्षस है, और न कोई प्रभु के चरणकमलों में मेरे मन की प्रीति है। परन्तु हे हनुमानजी, अब मुझको इस बातका पक्का विश्वास हो गया है कि भगवान मुझपर अवश्य कृपा करेंगे। क्योंकि भगवान की कृपा बिना सत्पुरुषों का मिलाप नहीं होता।

जौं रघुबीर अनुग्रह कीन्हा। तौ तुम्ह मोहि दरसु हठि दीन्हा॥
सुनहु बिभीषन प्रभु कै रीती। करहिं सदा सेवक पर प्रीति॥

रामचन्द्रजी ने मुझ पर कृपा की है। इसी से आपने आकर मुझको

दर्शन दिए हैं। विभीषण के यह वचन सुनकर हनुमानजी ने कहा कि हे विभीषण! सुनो, प्रभु की यह रीती ही है की वे सेवक पर सदा परमप्रीति किया करते हैं।

कहहु कवन मैं परम कुलीना। कपि चंचल सबहीं बिधि हीना॥
प्रात लेइ जो नाम हमारा। तेहि दिन ताहि न मिलै अहारा॥

हनुमानजी कहते हैं की कहो मै कौनसा कुलीन पुरुष हूँ। हमारी जाति देखो (चंचल वानर की), जो महाचंचल और सब प्रकार से हीन गिनी जाती है, जो कोई पुरुष प्रातःकाल हमारा (बंदरों का) नाम ले लेवे तो उसे उसदिन खाने को भोजन नहीं मिलता।

दोहा-अस मैं अधम सखा सुनु मोहू पर रघुबीर।
कीन्हीं कृपा सुमिरि गुन भरे बिलोचन नीर॥

हे सखा, सुनो मैं ऐसा अधम नीच हूँ। तिस पर भी रघुवीर ने कृपा कर दी, तो आप तो सब प्रकार से उत्तम हो। आप पर कृपा करें इस में क्या बड़ी बात है। ऐसे प्रभु श्रीरामचन्द्रजी के गुणों का स्मरण करने से दोनों के नेत्रो में आंसू भर आये।

जानतहूँ अस स्वामि बिसारी। फिरहिं ते काहे न होहिं दुखारी॥
एहि बिधि कहत राम गुन ग्रामा। पावा अनिर्बाच्य बिश्रामा॥

जो मनुष्य जानतेख़्रबूझते ऐसे स्वामी को छोड़ बैठते हैं वे दूखी क्यों न होंगे? इस तरह रामचन्द्रजी के परम पवित्र व कानों को सुख देने वाले गुणग्राम को (गुणसमूहों को) विभीषण के कहते-कहते हनुमानजी ने विश्राम पाया।

पुनि सब कथा बिभीषन कही। जेहि बिधि जनकसुता तहँ रही॥
तब हनुमंत कहा सुनु भ्राता। देखी चहउँ जानकी माता॥

फिर विभीषण ने हनुमानजी से वह सब कथा कही, कि सीता जी जिस जगह, जिस तरह रहती हैं। तब हनुमानजी ने विभीषण से कहा हे भाई सुनो, मैं सीता माता को देखना चाहता हूँ।

जुगुति बिभीषन सकल सुनाई। चलेउ पवनसुत बिदा कराई॥
करि सोइ रूप गयउ पुनि तहवाँ। बन असोक सीता रह जहवाँ॥

सो मुझे वह उपाय बताओ। हनुमानजी के यह वचन सुनकर विभीषण ने वहां की सब बातें सुनाई। तब हनुमानजी भी विभीषण से विदा लेकर वहां से चले।फिर वैसा ही छोटा सा स्वरुप धर कर हनुमानजी वहां गए, जहां अशोकवन में सीताजी रहा करती थीं।

देखि मनहि महुँ कीन्ह प्रनामा। बैठेहिं बीति जात निसि जामा।।
कृस तनु सीस जटा एक बेनी। जपति हृदयँ रघुपति गुन श्रेनी।।

हनुमानजी ने सीताजी का दर्शन करके उनको मन में प्रणाम किया और बैठे। इतने में एक प्रहर रात्रि बीत गयी। हनुमानजी सीताजी को देखते हैं, सो उनका शरीर तो बहुत दुबला हो रहा है। सरपर लटोंकी एक वेणी बंधी हुई है और अपने मनमें श्री राम के गुणों का जप कर रही हैं।

दोहा-निज पद नयन दिएँ मन राम पद कमल लीन।
परम दुखी भा पवनसुत देखि जानकी दीन।।

अपने पैरो में दृष्टि लगा रखी है। मन रामचन्द्रजी के चरणों में लीन हो रहा है। सीताजी की यह दीन दशा देखकर हनुमानजी को बड़ा दु:ख हुआ।

तरु पल्लव महँ रहा लुकाई। करइ बिचार करौं का भाई।।
तेहि अवसर रावनु तहँ आवा। संग नारि बहु किएँ बनावा।।

हनुमानजी वृक्षों के पत्तों की ओटमें छिपे हुए मन में विचार करने लगे कि हे भाई अब मै क्या करूं? उस अवसर में बहुत-सी स्त्रियों को संग लिए रावण वहां आया। जो स्त्रियां रावण के संग थी, वे बहुत प्रकार के गहनों से बनी ठनी थीं।

बहु बिधि खल सीतहि समुझावा। साम दान भय भेद देखावा।।
कह रावनु सुनु सुमुखि सयानी। मंदोदरी आदि सब रानी।।

उस दुष्ट ने सीताजी को अनेक प्रकार से समझाया। साम, दाम, दंड और भेद अनेक प्रकार से भय दिखाया। रावण ने सीता से

कहा कि हे सुमुखी! जो तू एकबार भी मेरी तरफ देख ले तो हे सयानी।

तव अनुचरीं करउँ पन मोरा। एक बार बिलोकु मम ओरा।।
तृन धरि ओट कहति बैदेही। सुमिरि अवधपति परम सनेही।।

जो ये मेरी मंदोदरी आदी रानियाँ है इन सबको तेरी दासियाँ बना दूं यह मेरा प्रण जान।रावण का वचन सुन बीचमें तृण रखकर (तिनके की आड़ ख्र परदा रखकर), परम प्यारे रामचन्द्रजी का स्मरण करके सीताजी ने रावण से कहा।

सुनु दसमुख खद्योत प्रकासा। कबहुँ कि नलिनी करइ बिकासा।।
अस मन समुझु कहति जानकी। खल सुधि नहिं रघुबीर बान की।।

हे रावण! सुन, खद्योत अर्थात जुगनू के प्रकाश से कमलिनी कदापी प्रफुल्लित नहीं होती। किंतु कमलिनी सूर्य के प्रकाश से ही प्रफुल्लित होती है। अर्थात तू खद्योत के (जुगनू के) समान है और रामचन्द्रजी सूर्य के सामान हैं। सीताजी ने अपने मन में ऐसे समझकर रावण से कहा कि रे दुष्ट! रामचन्द्रजी के बाण को अभी भूल गया क्या? वह रामचन्द्रजी का बाण याद नहीं है।

सठ सूनें हरि आनेहि मोही। अधम निलज्ज लाज नहिं तोही।।

अरे निर्लज्ज! अरे अधम! रामचन्द्रजी के सूने/अनुपस्तिथि में तू मुझको ले आया। तुझे शर्म नहीं आती।

दोहा-आपुहि सुनि खद्योत सम रामहि भानु समान।
परुष बचन सुनि काढ़ि असि बोला अति खिसिआन।।

सीता के मुख से कठोर वचन अर्थात अपने को खद्योत के (जुगनूके) तुल्य और रामचन्द्रजी को सूर्य के समान सुनकर रावण को बड़ा क्रोध हुआ जिससे उसने तलवार निकाल कर ये वचन कहे।

सीता तैं मम कृत अपमाना। कटिहउँ तव सिर कठिन कृपाना।।
नाहिं त सपदि मानु मम बानी। सुमुखि होति न त जीवन हानी।।

हे सीता! तूने मेरा मान भंग कर दिया है। इस वास्ते इस कठोर?

खडग (कृपान) से मैं तेरा सिर उड़ा दूंगा। हे सुमुखी, या तो तू जल्दी मेरा कहना मान ले, नहीं तो तेरा जीवन जाता है।

स्याम सरोज दाम सम सुंदर। प्रभु भुज करि कर सम दसकंधर।।
सो भुज कंठ कि तव असि घोरा। सुनु सठ अस प्रवान पन मोरा।।

रावण के ये वचन सुनकर सीताजी ने कहा, हे शठ रावण! सुन, मेरा भी तो ऐसा पक्का प्रण है की या तो इस कंठपर श्याम कमलों की माला के समान सुन्दर और हाथिओं के सून्ड के समान सुढार रामचन्द्रजी की भुजा रहेगी या तेरा यह महाघोर खडंग रहेगा। अर्थात रामचन्द्रजी के बिना मुझे मरना स्वीकार है पर अन्य का स्पर्श नहीं करूंगी।

चंद्रहास हरु मम परितापं। रघुपति बिरह अनल संजातं।।
सीतल निसित बहसि बर धारा। कह सीता हरु मम दुख भारा।।

सीता जी उस तलवार से प्रार्थना करती हैं कि हे तलवार! तू मेरा सिर उडाकर मेरे संताप को दूर कर क्योंकि मै रामचन्द्रजी की विरहरूप अग्नि से संतप्त हो रही हूँ। माता सीता कहती है, हे असिवर! तेरी धाररूप शीतल रात्रि से मेरे भारी दुख़ को दूर कर।

सुनत बचन पुनि मारन धावा। मयतनयाँ कहि नीति बुझावा।।
कहेसि सकल निसिचरिन्ह बोलाई। सीतहि बहु बिधि त्रासहु जाई।।

सीताजी के ये वचन सुनकर, रावण फिर सीताजी को मारने को दौड़ा। तब मय दैत्य की कन्या तथा रावण की पत्नी मंदोदरी ने निति के वचन कह कर उसको समझाया। फिर रावण ने सीताजी की रखवारी सब राक्षसियों को बुलाकर कहा कि तुम जाकर सीता को अनेक प्रकार से त्रास दिखाओ।

मास दिवस महुँ कहा न माना। तौ मैं मारबि काढ़ि कृपाना।।

यदि वह एक महीने के भीतर मेरा कहना नहीं मानेगी तो मैं तलवार निकाल कर उसे मार डालूँगा।

दोहा-भवन गयउ दसकंधर इहाँ पिसाचिनि बृंद।
सीतहि त्रास देखावहिं धरहिं रूप बहु मंद।।

उधर तो रावण अपने भवन के भीतर गया। इधर वे नीच राक्षसियों के झुंड के झुंड अनेक प्रकार के रूप धारण कर के सीताजी को भय दिखाने लगे।

त्रिजटा नाम राच्छसी एका। राम चरन रति निपुन बिबेका।।
सबन्हौ बोलि सुनाएसि सपना। सीतहि सेइ करहु हित अपना।।

उनमें एक त्रिजटा नाम की राक्षसी थी। वह रामचन्द्रजी के चरणों की परमभक्त और बड़ी निपुण और विवेकवती थी। उसने सब राक्षसियों को अपने पास बुलाकर, जो उसको सपना आया था, वह सबको सुनाया और उनसे कहा की हम सबको सीताजी की सेवा करके अपना हित कर लेना चाहिए।

सपनें बानर लंका जारी। जातुधान सेना सब मारी।।
खर आरूढ़ नगन दससीसा। मुंडित सिर खंडित भुज बीसा।।

क्योकि मैंने सपने में ऐसा देखा है कि एक वानर ने लंकापुरी को जलाकर राक्षसों की सारी सेना को मार डाला और रावण गधे पर सवार होकर दक्षिण दिशामें जाता हुआ मैंने सपने में देखा है। वह भी कैसा की नग्नशरीर, सिर मुंडा हुआ और बीस भुजायें टूटी हुई।

एहि बिधि सो दच्छिन दिसि जाई। लंका मनहुँ बिभीषन पाई।।
नगर फिरी रघुबीर दोहाई। तब प्रभु सीता बोलि पठाई।।

और मैंने यह भी देखा है कि मानो लंका का राज विभिषण को मिल गया है और नगर के अन्दर रामचन्द्रजी की दुहाई फिर गयी है। तब रामचन्द्रजी ने सीता को बुलाने के लिए बुलावा भेजा है।

यह सपना मैं कहउँ पुकारी। होइहि सत्य गएँ दिन चारी।।
तासु बचन सुनि ते सब डरीं। जनकसुता के चरनन्हि परीं।।

त्रिजटा कहती है की मैं आपसे यह बात खूब सोच कर कहती हूँ की, यह स्वप्न चार दिन बीतने के बाद सत्य हो जाएगा। त्रिजटा के ये वचन सुनकर सब राक्षसियाँ डर गई और डर के मारे सब सीताजी के चरणों में गिर पड़ीं।

दोहा-जहँ तहँ गईं सकल तब सीता कर मन सोच।
मास दिवस बीतें मोहि मारिहि निसिचर पोच॥

फिर सब राक्षसियाँ मिलकर जहां तहां चली गयीं। तब सीताजी अपने मन में सोच करने लगी की एक महिना बीतने के बाद यह नीच राक्षस (रावण) मुझे मार डालेगा।

त्रिजटा सन बोलीं कर जोरी। मातु बिपति संगिनि तैं मोरी॥
तजौं देह करु बेगि उपाई। दुसह बिरहु अब नहिं सहि जाई॥

फिर त्रिजटा के पास हाथ जोड़कर सीताजी ने कहा की हे माता! तू इस विपत्ति में मेरी सच्ची साथी है।सीताजी कहती हैं की जल्दी उपाय कर नहीं तो मैं अपना देह तजती हूँ क्योंकि अब मुझसे अति दुखद विरह का दुःख सहा नहीं जाता।

आनि काठ रचु चिता बनाई। मातु अनल पुनि देहि लगाई॥
सत्य करहि मम प्रीति सयानी। सुनै को श्रवन सूल सम बानी॥

हे माता! अब तू जल्दी काठ ला और चिता बना कर मुझको जलाने के वास्ते जल्दी उसमें आग लगा दे। हे सयानी! तू मेरी प्रीति सत्य कर। सीताजी के ऐसे शूलके समान महाभयानाक वचन सुनकर।

सुनत बचन पद गहि समुझाएसि।
प्रभु प्रताप बल सुजसु सुनाएसि॥
निसि न अनल मिल सुनु सुकुमारी।
अस कहि सो निज भवन सिधारी॥

त्रिजटा ने तुरंत सीताजी के चरणकमल गहे और सिताजी को समझाया और प्रभु रामचन्द्रजी का प्रताप, बल और उनका सुयश सुनाया।

और सिताजीसे कहा की हे राजपुत्री! अभी रात्री है, इसलिए अभी अग्नि नहीं मिल सकती। ऐसा कहकर वह अपने घर को चली गयी।

कह सीता बिधि भा प्रतिकूला। हिमिलि न पावक मिटिहि न सूला॥
देखिअत प्रगट गगन अंगारा। अवनि न आवत एकउ तारा॥

तब अकेली बैठीख्रबैठी सीताजी कहने लगीं की क्या करू दैवही प्रतिकूल हो गया। अब न तो अग्नि मिले और न मेरा दु:ख किसी तरह से मिट सके। ऐसे कह तारों को देख कर सीताजी कहती हैं की ये आकाश के भीतर तो बहुत से अंगारे प्रकट दीखते हैं परंतु पृथ्वी पर पर इनमें से एकभी तारा नहीं आता।

पावकमय ससि स्रवत न आगी। मानहुँ मोहि जानि हतभागी॥
सुनहि बिनय मम बिटप असोका। सत्य नाम करु हरु मम सोका॥

सीताजी चन्द्रमा को देखकर कहती हैं कि यह चन्द्रमा का स्वरुप साक्षात अग्निमय दीख पड़ता है पर यह भी मानो मुझको मंदभागिन जानकार आग को नहीं बरसाता।

अशोक के वृक्ष को देखकर उससे प्रार्थना करती हैं कि हे अशोक वृक्ष! मेरी विनती सुनकर तू अपना नाम सत्य कर अर्थात मुझे अशोक अर्थात शोकरहित कर। मेरे शोकको दूर कर।

नूतन किसलय अनल समाना। देहि अगिनि जनि करहि निदाना॥
देखि परम बिरहाकुल सीता। सो छन कपिहि कलप सम बीता॥

हे अग्नि के समान रक्तवर्ण नवीन कोंपलों (नए कोमल पत्तों)! तुम मुझको अग्नि देकर मुझको शांत करो।

इस प्रकार सीताजी को विरह से अत्यन्त व्याकुल देखकर हनुमान जी का वह एक क्षण कल्प के समान बीतता गया।

दोहा-कपि करि हृदयँ बिचार दीन्हि मुद्रिका डारि तब।
जनु असोक अंगार दीन्ह हरषि उठि कर गहेउ।

उस समय हनुमानजी ने अपने मन में विचार करके अपने हाथ में से मुद्रिका (अँगूठी) डाल दी। सो, सीताजी को वह मुद्रिका उस समय ऐसी दीख पड़ी की मानो अशोक के अंगार ने प्रगट हो कर हमको आनंद दिया है (मानो अशोक ने अंगारा दे दिया।)। सो सिताजीने तुरंत उठकर वह मुद्रिका अपने हाथ में ले ली।

तब देखी मुद्रिका मनोहर। राम नाम अंकित अति सुंदर।।
चकित चितव मुदरी पहिचानी। हरष बिषाद हृदयँ अकुलानी।।

फिर सीताजी ने उस मुद्रिका को देखा तो वह सुन्दर मुद्रिका रामचन्द्रजी के मनोहर नामसे अंकित हो रही थी अर्थात उस पर श्री राम का नाम उकरा हुआ था।

उस मुद्रिका को देखते ही सीताजी चकित होकर देखने लगीं। आखिर उस मुद्रिका को पहचान कर हृदय में अत्यंत हर्ष और विषाद को प्राप्त हुई और बहुत अकुलाईं।

जीति को सकइ अजय रघुराई। माया तें असि रचि नहिं जाई।।
सीता मन बिचार कर नाना। मधुर बचन बोलेउ हनुमाना।।

यह क्या हुआ? यह रामचन्द्रजी की नामांकित मुद्रिका यहाँ कैसे आयी? या तो उन्हें जीतने से यह मुद्रिका यहाँ आ सकती है, किंतु उन अजेय रामचन्द्रजी को जीत सके ऐसा तो जगत में कौन है? अर्थात उनको जीतनेवाला जगत में है ही नहीं और जो कहे की यह राक्षसों ने माया से बनाई है सो यह भी नहीं हो सकता क्योंकि माया से ऐसी बन नहीं सकती।

रामचंद्र गुन बरनैं लागा। सुनतहिं सीता कर दुख भागा।।
लागीं सुनैं श्रवन मन लाई। आदिहु तें सब कथा सुनाई।।

हनुमानजी रामचन्द्रजी के गुणों का वर्णन करने लगे। उनको सुनते ही सीताजी का सब दुःख दूर हो गया और वह मन और कान लगा कर सुनने लगीं। हनुमानजी ने भी आरंभ से लेकर सब कथा सीताजी को सुनाई।

श्रवनामृत जेहिं कथा सुहाई। कही सो प्रगट होति किन भाई।।
तब हनुमंत निकट चलि गयऊ। फिरि बैठीं मन बिसमय भयऊ।।

हनुमानजी के मुख से रामचन्द्रजी का चरितामृत सुनकर सीताजी ने कहा कि जिसने मुझको यह कानों को अमृतख़सी मधुर लगने वाली कथा सुनाई है वह मेरे सामने आकर प्रकट क्यों नहीं होता।

सीताजी के ये वचन सुनकर हनुमानजी चलकर उनके समीप गए तो हनुमानजी का वानर रूप देखकर सीताजी के मन में बड़ा विस्मय हुआ की यह क्या! सो कपट समझकर हनुमानजी को पीठ देकर बैठ गयीं।

राम दूत मैं मातु जानकी। सत्य सपथ करुनानिधान की॥
यह मुद्रिका मातु मैं आनी। दीन्हि राम तुम्ह कहँ सहिदानी॥

तब हनुमानजी ने सीताजी से कहा की हे माता! मै रामचन्द्रजी का दूत हूं। मै रामचन्द्रजी की शपथ खाकर कहता हूँ की इसमें फर्क नहीं है।

रामचन्द्रजी ने आपके लिए जो निशानी दी थी, वह यह मुद्रिका (अँगूठी) मैंने लाकर आपको दी है।

नर बानरहि संग कहु कैसें। कही कथा भइ संगति जैसें॥

तब सीताजी ने कहा की हे हनुमान! नर और वानरोंके बीच आपस में प्रीति कैसे हुई वह मुझे कह। तब उनके परस्पर में जैसे प्रीति हुई थी वे सब समाचार हनुमानजी ने सिताजी से कहे।

दोहा-कपि के बचन सप्रेम सुनि उपजा मन बिस्वास।
जाना मन क्रम बचन यह कृपासिंधु कर दास॥

हनुमानजी के प्रेमसहित वचन सुनकर सीताजी के मन में पक्का भरोसा आ गया और उन्होंने जान लिया की यह मन, वचन और काया से कृपासिंधु श्रीरामजी के दास हैं।

हरिजन जानि प्रीति अति गाढ़ी। सजल नयन पुलकावलि बाढ़ी॥
बूड़त बिरह जलधि हनुमाना। भयहु तात मो कहुँ जलजाना॥

हनुमानजी को हरिभक्त जानकर सीताजी के मन में अत्यंत प्रीति बढ़ी, शरीर अत्यंत पुलकित हो गया और नेत्रों में जल भर आया। सीताजी ने हनुमान से कहा की हे हनुमान! मै विरहरूप समुद्र में डूब रही थी, सो हे तात! मुझको तिराने के लिए तुम नौका हुए हो।

अब कहु कुसल जाउँ बलिहारी। अनुज सहित सुख भवन खरारी॥
कोमलचित कृपाल रघुराई। कपि केहि हेतु धरी निठुराई॥

अब तुम मुझको बताओ कि सुखधाम श्रीराम लक्ष्मण सहित कुशल तो हैं।

हे हनुमान! रामचन्द्रजी तो बड़े दयालु और बड़े कोमलचित्त हैं फिर यह कठोरता उन्होंने क्यों धारण की है।

सहज बानि सेवक सुखदायक। कबहुँक सुरति करत रघुनायक।।
कबहुँ नयन मम सीतल ताता। होइहहिं निरखि स्याम मृदु गाता।।

यह तो उनका सहज स्वभाव ही है कि जो उनकी सेवा करता है उनको वे सदा सुख देते रहते हैं। सो हे हनुमान! वे रामचन्द्रजी कभी मुझको भी याद करते है।

कभी मेरे भी नेत्र रामचन्द्रजी के कोमल श्याम शरीर को देखकर शीतल होंगे।

बचनु न आव नयन भरे बारी। अहह नाथ हौं निपट बिसारी।।
देखि परम बिरहाकुल सीता। बोला कपि मृदु बचन बिनीता।।

सीताजी की उस समय यह दशा हो गयी कि मुख से वचन निकलना बंद हो गया और नेत्रों में जल भर आया। इस दशा में सीताजी ने प्रार्थना की, कि हे नाथ! मुझको आप बिल्कुल ही भूल गए।

सीताजी को विरहसे अत्यंत व्याकुल देखकर हनुमानजी बड़े विनय के साथ कोमल वचन बोले।

मातु कुसल प्रभु अनुज समेता। तव दुख दुखी सुकृपा निकेता।।
जनि जननी मानह जियँ ऊना। तुम्ह ते प्रेमु राम कें दूना।।

हे माता! लक्ष्मण सहित रामचन्द्रजी सब प्रकार से प्रसन्न हैं केवल एक आपके दुःख से तो वे कृपानिधान अवश्य दुखी हैं। बाकी उनको कुछ भी दुःख नहीं है।

हे माता! आप अपने मन को उन मत मानो (अर्थात रंज मत करो, मन छोटा करके दुःख मत कीजिए), क्योंकि रामचन्द्रजी का प्यारआपकी ओर आपसे भी दुगुना है।

दोहा-रघुपति कर संदेसु अब सुनु जननी धरि धीर।
अस कहि कपि गदगद भयउ भरे बिलोचन नीर॥

हे माता! अब मैं आपको जो रामचन्द्रजी का संदेशा सुनाता हूं सो आप धीरज धारण करके उसे सुनो ऐसे कहतेही हनुमानजी प्रेम से गदगद हो गए और नेत्रों मे जल भर आया ।

कहेउ राम बियोग तव सीता। मो कहुँ सकल भए बिपरीता॥
नव तरु किसलय मनहुँ कृसानू। कालनिसा सम निसि ससि भानू॥

हनुमानजी ने सीताजी से कहा कि हे माता! रामचन्द्रजी ने जो सन्देश भेजा है वह सुनो। रामचन्द्रजी ने कहा है कि तुम्हारे वियोग में मेरे लिए सभी बातें विपरीत हो गयी हैं।

नविन कोपलें तो मानो अग्निरूप हो गए हैं, रात्रि मानो कालरात्रि बन गयी है। चन्द्रमा सूरजके समान दिख पड़ता है।

कुबलय बिपिन कुंत बन सरिसा। बारिद तपत तेल जनु बरिसा॥
जे हित रहे करत तेइ पीरा। उरग स्वास सम त्रिबिध समीरा॥

कमलों का वन मानो भालों के समूह के समान हो गया है। मेघकी वृष्टि मानो तपे हुए तेल के समान लगती है।

मै जिस वृक्ष के तले बैठता हूं, वही वृक्ष मुझको पीड़ा देता है और शीतल, मंद, सुगंध पवन मुझको साँप के श्वास के समान प्रतीत होता है।

कहेहू तें कछु दुख घटि होई। काहि कहौं यह जान न कोई॥
तत्व प्रेम कर मम अरु तोरा। जानत प्रिया एकु मनु मोरा॥

और अधिक क्या कहूं? क्योंकि कहने से कोई दुःख घट थोडा ही जाता है? परन्तु यह बात किसको कहूं! कोई नहीं जानता। मेरे और आपके प्रेम के तत्व को कौन जानता है! कोई नहीं जानता। केवल एक मेरा मन तो उसको भले ही पहचानता है।

सो मनु सदा रहत तोहि पाहीं। जानु प्रीति रसु एतनेहि माहीं॥
प्रभु संदेसु सुनत बैदेही। मगन प्रेम तन सुधि नहिं तेही॥

भावार्थ ख्रपर वह मन सदा आपके पास रहता है। इतने ही में

जान लेना कि राम किस कदर प्रेम के वश है।

रामचन्द्रजी के सन्देश सुनते ही सीताजी ऐसी प्रेम में मग्न हो गयीं कि उन्हें अपने शरीर की भी सुध न रही।

कह कपि हृदयँ धीर धरु माता। सुमिरु राम सेवक सुखदाता।।
उर आनहु ताई।रघुपति प्रभु। सुनि मम बचन तजहु कदराई।।

उस समय हनुमानजीने सीताजी से कहा कि हे माता! आप सेवकजनों के सुख देनेवाले श्रीराम को याद करके मन में धीरज धरो।

श्रीरामचन्द्रजी की प्रभुताको हृदयमें मानकर मेरे वचनोको सुनकर विकलता को तज दो (छोड़ दो)।

दोहा-निसिचर निकर पतंग सम रघुपति बान कृसानु।
जननी हृदयँ धीर धरु जरे निसाचर जानु।।

हे माता! रामचन्द्रजीके बाण रूप अग्नि के आगे इस राक्षस समूह को आप पतंग के समान जानो और इन सब राक्षसों को जले हुए जानकर मन में धीरज धरो।

जौं रघुबीर होति सुधि पाई। करते नहिं बिलंबु रघुराई।।
राम बान रबि उएँ जानकी। तम बरुथ कहँ जातुधान की।।

हे माता! जो रामचन्द्रजी को आपकी खबर मिल जाती तो प्रभु कदापि विलम्ब नहीं करते क्योंकि रामचन्द्रजी के बानरूप सूर्य के उदय होने पर राक्षस समूहरूप अन्धकार पटल का पता कहाँ है।

अबहिं मातु मैं जाउँ लवाई। प्रभु आयुस नहिं राम दोहाई।।
कछुक दिवस जननी धरु धीरा। कपिन्ह सहित अइहहिं रघुबीरा।।

हनुमानजी कहते हैं की हे माता! मै आपको अभी ले जाऊं, परंतु करूं क्या? रामचन्द्रजी की मेरे द्वाराआपको ले आने की आज्ञा नहीं है इसलिए मैं कुछ कर नहीं सकता। यह बात मैं रामचन्द्रजी की शपथ खाकर कहता हूं।

इसलिए हे माता! आप कुछ दिन धीरज धरो। रामचन्द्रजी वानरों कें साथ यहाँ आयेंगे।

निसिचर मारि तोहि लै जैहहिं। तिहुँ पुर नारदादि जसु गैहहिं।।
हैं सुत कपि सब तुम्हहि समाना। जातुधान अति भट बलवाना।।

राक्षसों को मारकर आपको ले जाएँगे। तब रामचन्द्रजी का यह सुयश तीनो लोको में नारदादि मुनि गाएँगे। हनुमानजी की यह बात सुनकर सीताजी ने कहा की हे पुत्र! सभी वानर तो तुम्हारे समान हैं और राक्षस बड़े योद्धा और बलवान हैं। फिर यह बात कैसे बनेगी

मोरें हृदय परम संदेहा। सुनि कपि प्रगट कीन्हि निज देहा।।
कनक भूधराकार सरीरा। समर भयंकर अतिबल बीरा।।

इसका मेरे मन में बड़ा संदेह है। सीताजी का यह वचन सुनकर हनुमानजी ने अपना शरीर प्रकट किया जो शरीर सुवर्ण के पर्वत के समान विशाल, युद्ध के बीच बड़ा विकराल और रण के बीच बड़ा धीरजवाला था।

सीता मन भरोस तब भयऊ। पुनि लघु रूप पवनसुत लयऊ।।

हनुमानजी के उस शरीर को देखकर सीताजी के मन में पक्का भरोसा आ गया। तब हनुमानजी ने अपना छोटा स्वरूप धर लिया।

दोहा-सुनु माता साखामृग नहिं बल बुद्धि बिसाल।
प्रभु प्रताप तें गरुड़हि खाइ परम लघु ब्याल।।

हनुमानजी ने कहा कि हे माता! सुनो, वानरों मे कोई विशाल बुद्धि का बल नहीं है। परंतु प्रभु का प्रताप ऐसा है की उसके बल से छोटाख्रसा सांप गरूड को खा जाता है।

मन संतोष सुनत कपि बानी। भगति प्रताप तेज बल सानी।।
आसिष दीन्हि रामप्रिय जाना। होहु तात बल सील निधाना।।

भक्ति, प्रताप, तेज और बल से मिली हुई हनुमानजी की वाणी सुनकर सीताजी के मन में बड़ा संतोष हुआ फिर सीताजी ने हनुमानजी को श्री राम का प्रिय जानकर आशीर्वाद दिया कि हे तात! तुम बल और शील के निधान होओ।

अजर अमर गुननिधि सुत होहू। करहुँ बहुत रघुनायक छोहू॥
करहुँ कृपा प्रभु अस सुनि काना। निर्भर प्रेम मगन हनुमाना॥

हे पुत्र! तुम अजर (जरारहित - बुढ़ापे से रहित), अमर (मरणरहित) और गुणों का भण्डार होओ और रामचन्द्रजी तुम पर सदा कृपा करें। 'प्रभु रामचन्द्रजी कृपा करेंगे' ऐसे वचन सुनकर हनुमानजी प्रेमानन्द में अत्यंत मग्न हुए।

बार बार नाएसि पद सीसा। बोला बचन जोरि कर कीसा॥
अब कृतकृत्य भयउँ मैं माता। आसिष तव अमोघ बिख्याता॥

हनुमानजी ने बारंबार सीताजी के चरणों में शीश नवाकर, हाथ जोड़कर, यह वचन बोले। हे माता! अब मै कृतार्थ हुआ हूँ, क्योंकि आपका आशीर्वाद सफल ही होता है, यह बात जगत् प्रसिद्ध है।

सुनहु मातु मोहि अतिसय भूखा। लागि देखि सुंदर फल रूखा॥
सुनु सुत करहिं बिपिन रखवारी। परम सुभट रजनीचर भारी॥

हे माता! सुनो, वृक्षों के सुन्दर फल लगे देखकर मुझे अत्यंत भूख लग गयी है, सो मुझे आज्ञा दो। तब सीताजी ने कहा कि हे पुत्र! सुनो, इस वन की बड़ेख्रबड़े भारी योद्धा राक्षस रक्षा करते हैं।

तिन्ह कर भय माता मोहि नाहीं। जौं तुम्ह सुख मानहु मन माहीं॥

तब हनुमानजी ने कहा कि हे माता! जो आप मन में सुख मानें (प्रसन्न होकर आज्ञा दें), तो मुझको उनका कुछ भय नहीं है।

दोहा-देखि बुद्धि बल निपुन कपि कहेउ जानकीं जाहु।
रघुपति चरन हृदयँ धरि तात मधुर फल खाहु॥

तुलसीदासजी कहते हैं कि हनुमानजी का विलक्षण बुद्धिबल देखकर सीताजीने कहा कि हे पुत्र! जाओ, रामचन्द्रजी के चरणों को हृदय में रख कर मधुरख्रमधुर फल खाओ।

चलेउ नाइ सिरु पैठेउ बागा। फल खाएसि तरु तोरैं लागा॥
रहे तहाँ बहु भट रखवारे। कछु मारेसि कछु जाइ पुकारे॥

सीताजी के वचन सुनकर उनको प्रणाम करके हनुमानजी बाग के

अन्दर घुस गए। फल तो सब खा गए और वृक्षों को तोड़-मरोड दिया।

जो वहां रक्षा के के लिए राक्षस रहते थे उनमें से से कुछ मारे गए और कुछ रावणसे पुकारे (रावण के पास गए और कहा)।

नाथ एक आवा कपि भारी। तेहिं असोक बाटिका उजारी॥
खाएसि फल अरु बिटप उपारे। रच्छक मर्दि मर्दि महि डारे॥

हे नाथ! एक बड़ा भारी वानर आया है। उसने तमाम अशोक वन उजाड़ दिया है। उसने फल फल तो सारे खा लिए है, और वृक्षों को उखाड दिया है और रखवारे राक्षसों को पटकख्रपटक कर मार गिराया है।

सुनि रावन पठए भट नाना। तिन्हहि देखि गर्जेउ हनुमाना॥
सब रजनीचर कपि संघारे। गए पुकारत कछु अधमारे॥

यह बात सुनकर रावण ने बहुत सुभट पठाये (राक्षस योद्धा भेजे)। उनको देखकर युद्धके उत्साह से हनुमानजी ने भारी गर्जना की। हनुमानजीने उसी समय तमाम राक्षसों को मार डाला। जो कुछ अधमरे रह गए थे वे वहां से पुकारते हुए भागकर गए।

पुनि पठयउ तेहिं अच्छकुमारा। चला संग लै सुभट अपारा॥
आवत देखि बिटप गहि तर्जा। ताहि निपाति महाधुनि गर्जा॥

फिर रावण ने मंदोदरि के पुत्र अक्षय कुमार को भेजा। वह भी असंख्य योद्धाओं को संग लेकर गया उसे आते देखते ही हनुमानजी ने हाथ में वृक्ष लेकर उस पर प्रहार किया और उसे मारकर फिर बड़े भारी शब्द से (जोर से) गर्जना की।

दोहा-कछु मारेसि कछु मर्देसि कछु मिलएसि धरि धूरि।
कछु पुनि जाइ पुकारे प्रभु मर्कट बल भूरि॥

हनुमानजी ने कुछ राक्षसों को मारा और कुछ को कुचल डाला और कुछ को धूल में मिला दिया। और जो बच गए थे वे जाकर रावण के आगे पुकारे कि हे नाथ! वानर बड़ा बलवान है। उसने अक्षयकुमार को मारकर सारे राक्षसों का संहार कर डाला।

सुनि सुत बध लंकेस रिसाना। पठएसि मेघनाद बलवाना।।
मारसि जनि सुत बाँधेसु ताही। देखिअ कपिहि कहाँ कर आही।।

राक्षसों के मुख से अपने पुत्र का वध सुनकर रावण बड़ा गुस्सा हुआ और महाबली मेघनाद को भेजा।

मेघनाद से कहा कि हे पुत्र! उसे मारना मत किंतु बांधकर पकड़ लें आना, क्योंकि मैं भी उसे देखूं तो सही वह वानर कहाँ का है।

चला इंद्रजित अतुलित जोधा। बंधु निधन सुनि उपजा क्रोधा।।
कपि देखा दारुन भट आवा। कटकटाइ गर्जा अरु धावा।।

इन्द्रजीत मेघनाद (इंद्र को जीतनेवाला) असंख्य योद्धाओं को संग लेकर चला। भाई के वध का समाचार सुनकर उसे बड़ा गुस्सा आया। हनुमानजी ने उसे देखकर यह कोई दारुण भट (भयानक योद्धा) आता है ऐसे जानकार कटकटाके महाघोर गर्जना की और दौड़े।

अति बिसाल तरु एक उपारा। बिरथ कीन्ह लंकेस कुमारा।।
रहे महाभट ताके संगा। गहि गहि कपि मर्दई निज अंगा।।

एक बड़ा भारी वृक्ष उखाड़ कर उससे मेघनाद को विरथ अर्थात रथहीन कर दिया तथा उसके साथ जो बड़े बड़े महाबली योद्धा थे, उन सबको पकड़खपकड़कर हनुमानजी ने अपने शरीर से मसल डाला।

तिन्हहि निपाति ताहि सन बाजा। भिरे जुगल मानहुँ गजराजा।।
मुठिका मारि चढ़ा तरु जाई। ताहि एक छन मुरुछा आई।।

ऐसे उन राक्षसों को मारकर हनुमानजी मेघनाद के पास पहुँचे। फिर वे दोनों ऐसे भिड़े कि मानो दो गजराज आपस में लड़ रहे हों।

हनुमान मेघनाद को एक घूँसा मारकर वृक्ष पर जा चढ़े और मेघनाद को उस प्रहार से क्षणभर के लिए मूर्च्छा आ गयी।

उठि बहोरि कीन्हिसि बहु माया। जीति न जाइ प्रभंजन जाया।।

फिर मेघनाद ने सचेत होकर माया फैलायी पर हनुमानजी किसी प्रकार जीते नहीं गए।

दोहा-ब्रह्म अस्त्र तेहि साँधा कपि मन कीन्ह बिचार।
जौं न ब्रह्मसर मानउँ महिमा मिटइ अपार॥

मेघनाद अनेक अस्त्र चलाकर थक गया, तब उसने ब्रम्हास्त्र चलाया। उसे देखकर हनुमानजी ने प्रणाम करके मन में विचार किया कि इससे बंध जाना ही ठीक है। क्योंकि जो मैं इस ब्रम्हास्त्र को नहीं मानूंगा तो इस अस्त्र की अद्‌भुत महिमा घट जायेगी।

ब्रह्मबान कपि कहुँ तेहिं मारा। परतिहुँ बार कटकु संघारा॥
तेहिं देखा कपि मुरुछित भयऊ। नागपास बाँधेसि लै गयऊ॥

मेघनाद ने हनुमानजी पर ब्रम्हास्त्र चलाया, उस ब्रम्हास्त्र से हनुमानजी गिरने लगे तो गिरते समय भी उन्होंने अपने शरीर से बहुतख्रसे राक्षसों का संहार कर डाला।

जब मेघनाद ने जान लिया कि हनुमानजी अचेत हो गए हैं, तब वह उन्हें नागपाश से बांधकर सभा में ले गया।

जासु नाम जपि सुनहु भवानी। भव बंधन काटहिं नर ग्यानी॥
तासु दूत कि बंध तरु आवा। प्रभु कारज लगि कपिहिं बँधावा॥

महादेवजी कहते हैं कि हे पार्वती! सुनो, जिनके नाम का जप करने से ज्ञानी लोग भवबंधन को काट देते हैं।

उन प्रभु का दूत (हनुमानजी) भला बंधन में कैसे आ सकता है? परंतु अपने प्रभु के कार्य के लिए हनुमान ने अपने को बंधा दिया।

कपि बंधन सुनि निसिचर धाए। कौतुक लागि सभाँ सब आए॥
दसमुख सभा दीखि कपि जाई। कहि न जाइ कछु अति प्रभुताई॥

हनुमानजी को बंधा हुआ सुनकर सब राक्षस उनको देखने को दौड़े और कौतुक के लिए उसे सभा में ले आये।

हनुमानजी ने जाकर रावण की सभा देखी, तो उसकी प्रभुता और ऐश्वर्य किसी कदर कही जाय ऐसी नहीं थी।

कर जोरें सुर दिसिप बिनीता। भृकुटि बिलोकत सकल सभीता॥
देखि प्रताप न कपि मन संका। जिमि अहिगन महुँ गरुड़ असंका॥

कारण यह है की, तमाम देवता बड़े विनय के साथ हाथ जोड़े सामने खड़े उसकी भ्रूकुटी की ओर भयसहित देख रहे थे। यद्यपि हनुमानजी ने उसका ऐसा प्रताप देखा, परंतु उनके मन में जरा भी डर नहीं था। हनुमानजी उस सभा में राक्षसोंके बीच ऐसे निडर खड़े थे कि जैसे गरुड़ सर्पों के बीच निडर रहा करता है।

दोहा-कपिहि बिलोकि दसानन बिहसा कहि दुर्बाद।
सुत बध सुरति कीन्हि पुनि उपजा हृदयँ बिसाद॥

रावण हनुमानजी की और देखकर हँसा और कुछ दुर्वचन भी कहे, परंतु फिर उसे पुत्र का मरण याद आ जानेसे उसके हृदय मे बड़ा संताप पैदा हुआ।

कह लंकेस कवन तैं कीसा। केहि कें बल घालेहि बन खीसा॥
की धौं श्रवन सुनेहि नहिं मोही। देखउँ अति असंक सठ तोही॥

रावण ने हनुमानजी से कहा कि हे वानर! तू कहां से आया है? और तूने किसके बल से मेरे वन का विध्वंस कर दिया है। मैं तुझे अत्यंत निडर देख रहा हूँ सो क्या तूने कभी मेरा नाम अपने कानों से नहीं सुना है।

मारे निसिचर केहिं अपराधा। कहु सठ तोहि न प्रान कइ बाधा॥
सुनु रावन ब्रह्मांड निकाया। पाइ जासु बल बिरचति माया॥

तुझको हम जी से नहीं मारेंगे, परन्तु सच कह दे कि तूने हमारे राक्षसों को किस अपराध के लिए मारा है।
रावण के ये वचन सुनकर हनुमानजी ने रावण से कहा कि हे रावण! सुन, यह माया (प्रकृति) जिस परमात्मा के बल (चौतन्यशक्ति) को पाकर अनेक ब्रम्हांड समूह रचती है।

जाकें बल बिरंचि हरि ईसा। पालत सृजत हरत दससीसा॥
जा बल सीस धरत सहसानन। अंडकोस समेत गिरि कानन॥

हे रावण! जिसके बल से ब्रह्मा, विष्णु और महेश ये तीनो देव

जगत को रचते हैं, पालते हैं और संहार करते हैं और जिनकी सामर्थ्य से शेषजी अपने सिर से वन और पर्वतों सहित इस सारे ब्रम्हांड को धारण करते हैं।

धरइ जो बिबिध देह सुरत्राता। तुम्ह से सठन्ह सिखावनु दाता॥
हर कोदंड कठिन जेहिं भंजा। तेहि समेत नृप दल मद गंजा॥

जो देवताओं के रक्षा के लिए और तुम्हारे जैसे दुष्टों को दंड देने के लिए अनेक शरीर (अवतार) धारण करते हैं जिसने महादेवजी के अति कठिन धनुष को तोड़कर तेरे साथ तमाम राजसमूहों के मद को भंजन किया (गर्व चूर्ण कर दिया) है।

खर दूषन त्रिसिरा अरु बाली। बधे सकल अतुलित बलसाली॥

जिसने खर, दूषण, त्रिशिरा और बालि ऐसे बड़े बलवाले योद्धओं को मारा है।

दोहा-जाके बल लवलेस तें जितेहु चराचर झारि।
तास दूत मैं जा करि हरि आनेहु प्रिय नारि॥

हे रावण! सुन, जिसके बल के लवलेश अर्थात किन्चित्मात्र अंश से तूने तमाम चराचर जगत को जीता है, उस परमात्मा का मै दूत हूँ। जिसकी प्यारी सीता को तू हर ले आया है।

जानउँ मैं तुम्हारि प्रभुताई। सहसबाहु सन परी लराई॥
समर बालि सन करि जसु पावा। सुनि कपि बचन बिहसि बिहरावा॥

हे रावण! आपकी प्रभुता तो मैंने तभी से जान ली है कि जब आपको सहस्रबाहु के साथ युद्ध करने का काम पड़ा था। और मुझको यह बात भी याद है कि आप बालि से लड़ कर जो यश पाये थे। हनुमानजी के ये वचन सुनकर रावण ने हँसी में ही उड़ा दिए।

खायउँ फल प्रभु लागी भूँखा। कपि सुभाव तें तोरेउँ रूखा॥
सब कें देह परम प्रिय स्वामी। मारहिं मोहि कुमारग गामी॥

तब फिर हनुमानजी ने कहा कि हे रावण! मुझको भूख लग गयी थी इसलिए तो मैंने आपके बाग के फल खाए हैं और जो वृक्षों

को तोडा है सो तो केवल मैंने अपने वानर स्वाभाव की चपलता से तोड़ डाले है।

जो मैंने आपके राक्षसों को मारा उसका कारण तो यह है की हे रावण! अपना देह तो सबको बहुत प्यारा लगता है, सो वे खोट रास्ते चलने वाले राक्षस मुझको मारने लगे।

जिन्ह मोहि मारा ते मैं मारे। तेहि पर बाँधेउँ तनयँ तुम्हारे।।
मोहि न कछु बाँधे कइ लाजा। कीन्ह चहउँ निज प्रभु कर काजा।।

तब मैंने अपने प्यारे शरीर की रक्षा करनेके लिए जिन्होंने मुझको मारा था उनको मैंने भी मारा। इसपर आपके पुत्र ने मुझको बाँध लिया है।

हनुमानजी कहते है कि मुझको बंध जाने से कुछ भी शर्म नहीं आती क्योंकि मै अपने स्वामी का कार्य करना चाहता हूँ।

बिनती करउँ जोरि कर रावन। सुनहु मान तजि मोर सिखावन।।
देखहु तुम्ह निज कुलहि बिचारी। भ्रम तजि भजहु भगत भय हारी।।

हे रावण! मै हाथ जोड़कर आपसे प्रार्थना करता हूँ। सो अभिमान छोड़कर मेरी शिक्षा सुनो। और अपने मन में विचार करके तुम अपने आप खूब अच्छी तरह देख लो और सोचने के बाद भ्रम छोड़कर भक्तजनों के भय मिटाने वाले प्रभु की सेवा करो।

जाकें डर अति काल डेराई। जो सुर असुर चराचर खाई।।
तासों बयरु कबहुँ नहिं कीजै। मोरे कहें जानकी दीजै।।

हे रावण! काल, (जो देवता, दैत्य और सारे चराचर को खा जाता है) भी जिसके सामने अत्यंत भयभीत रहता है, उस परमात्मासे कभी बैर नहीं करना चाहिये। इसलिए जो तू मेरा कहना माने तो सीताजी को रामचन्द्रजी को दे दो।

दोहा-प्रनतपाल रघुनायक करुना सिंधु खरारि।
गएँ सरन प्रभु राखिहैं तव अपराध बिसारि।।

हे रावण! खरके मारनेवाले रघुवंशमणि रामचन्द्रजी भक्तपालक और करुणाके सागर है। इसलिए यदि तू उनकी शरण चला जाएगा तो वे प्रभु तेरे अपराध को माफ करके तेरी रक्षा करेंगे।

राम चरन पंकज उर धरहू। लंका अचल राजु तुम्ह करहू॥
रिषि पुलस्ति जसु बिमल मयंका। तेहि ससि महुँ जनि होहु कलंका॥

इसलिए तू रामचन्द्रजी के चरणकमलों को हृदय में धारण कर और उनकी कृपा से लंका में अविचल राज कर।

महामुनि पुलस्त्यजी का यश निर्मल चन्द्रमा के समान परम उज्ज्वल है इसलिए तू उस कुल के बीच में कलंक के समान मत हो।

राम नाम बिनु गिरा न सोहा। देखु बिचारि त्यागि मद मोहा॥
बसन हीन नहिं सोह सुरारी। सब भूषन भूषित बर नारी॥

हे रावण! तू अपने मन में विचार करके मद और मोह को त्यागकर अच्छी तरह जांचले कि राम के नाम बिना वाणी कभी शोभा नहीं देती।

हे रावण! चाहे स्त्री सब अलंकारों से अलंकृत और सुन्दर क्यों न होवे परंतु वस्त्र के बिना वह कभी शोभायमान नहीं होती। ऐसे ही रामनाम बिना वाणी शोभायमान नहीं होती।

राम बिमुख संपति प्रभुताई। जाइ रही पाई बिनु पाई॥
सजल मूल जिन्ह सरितन्ह नाहीं। बरषि गएँ पुनि तबहिं सुखाहीं॥

हे रावण! जो पुरुष रामचन्द्रजी से विमुख है उसकी संपदा और प्रभुता पाने पर भी न पाने के बराबर है क्योंकि वह स्थिर नहीं रहती किन्तु तुरंत चली जाती है।

देखो, जिन नदियों के मूल में कोई जलस्रोत नहीं है, वहां बरसात हो जाने के बाद फिर सब जल सूख ही जाता है, कहीं नहीं रहता।

सुनु दसकंठ कहउँ पन रोपी। बिमुख राम त्राता नहिं कोपी॥
संकर सहस बिष्नु अज तोही। सकहिं न राखि राम कर द्रोही॥

हे रावण! सुन, मै प्रतिज्ञा कर कहता हूँ कि रामचन्द्रजी से विमुख पुरुष का रखवारा कोई नहीं है।

हे रावण! रामचन्द्रजी से द्रोह करनेवाले तुझको ब्रह्मा, विष्णु और महादेव भी बचा नहीं सकते।

दोहा-मोहमूल बहु सूल प्रद त्यागहु तम अभिमान।
भजहु राम रघुनायक कृपा सिंधु भगवान॥

हे रावण! मोह्का मूल कारण और अत्यंत दुःख देने वाली अभिमानकी बुद्धिको छोड़कर कृपाके सागर भगवान् श्री रघुवीर कुलनायक रामचन्द्रजीकी सेवा कर।

कही कपि अति हित बानी। भगति बिबेक बिरति नय सानी।।
बोला बिहसि महा अभिमानी। मिला हमहि कपि गुर बड़ ग्यानी।।

यद्यपि हनुमानजी रावण को अति हितकारी और भक्ति, ज्ञान, धर्म और नीति से भरी वाणी कही, परंतु उस अभिमानी अधम पर कुछ भी असर नहीं हुआ।

इससे हँसकर बोला कि हे वानर! आज तो हमको तू बडा ज्ञानी गुरु मिला।

मृत्यु निकट आई खल तोही। लागेसि अधम सिखावन मोही
उलटा होइहि कह हनुमाना। मतिभ्रम तोर प्रगट मैं जाना

हे नीच! तू मुझको शिक्षा देने लगा है. सो हे दुष्ट! कहीं तेरी मौत तो निकट नहीं आ गयी है।

रावण के ये वचन सुन पीछे फिरकर हनुमान ने कहा कि हे रावण! अब मैंने तेरा बुद्धिभ्रम स्पष्ट रीति से जान लिया है।

सुनि कपि बचन बहुत खिसिआना। बेगि न हरहु मूढ़ कर प्राना
सुनत निसाचर मारन धाए। सचिवन्ह सहित बिभीषनु आए

हनुमान् जी के वचन सुनकर रावण को बड़ा क्रोध आया, जिससे रावणने राक्षसोंको कहा कि हे राक्षसों! इस मूर्ख के प्राण जल्दी ले लो अर्थात इसे तुरंत मार डालो।

इस प्रकार रावण के वचन सुनते ही हनुमान जी को राक्षस मारने को दौड़े तभी अपने मंत्रियों के साथ विभीषण वहां आ पहुँचे।

नाइ सीस करि बिनय बहूता। नीति बिरोध न मारिअ दूता।।
आन दंड कछु करिअ गोसाँई। सबहीं कहा मंत्र भल भाई।।

बड़े विनय के साथ रावण को प्रणाम करके बिभीषण ने कहा कि यह दूत है। इसलिए इसे मारना नही चाहिये; क्योंकि यह बात नीति से विरुद्ध है।

हे स्वामी! इसे आप और एक दंड दे दीजिये किंतु मारें नहीं। बिभीषण की यह बात सुनकर सब राक्षसों ने कहा कि हे भाइयो! यह सलाह तो अच्छी है।

सुनत बिहसि बोला दसकंधर। अंग भंग करि पठइअ बंदर॥

रावण इस बात को सुनकर बोला कि जो इसको मारना ठीक नहीं है तो इस बंदर का कोई अंग भंग करके इसे भेज दो।

दोहा-कें ममता पूँछ पर सबहि कहउँ समुझाइ।
तेल बोरि पट बाँधि पुनि पावक देहु लगाइ॥

सब लोगों ने समझा कर रावण से कहा कि वानर का ममत्व पूंछ पर बहुत होता है। इसलिए इसकी पूंछ में तेल से भीगे हुए कपडे लपेटकर आग लगा दो।

पूँछहीन बानर तहँ जाइहि। तब सठ निज नाथहि लइ आइहि॥
जिन्ह कै कीन्हिसि बहुत बड़ाई। देखउ मैं तिन्ह कै प्रभुताई॥

जब यह वानर पूंछहीन होकर अपने मालिक के पास जायेगा, तब अपने स्वामी को यह ले आएगा। इस वानर ने जिसकी अतुलित बडाई की है भला उसकी प्रभुता को मैं देखूं तो सही कि वह कैसा है।

बचन सुनत कपि मन मुसुकाना। भइ सहाय सारद मैं जाना॥
जातुधान सुनि रावन बचना। लागे रचौं मूढ़ सोइ रचना॥

रावण के ये वचन सुनकर हनुमान जी मन में मुस्कुराए और सोचने लगे कि मैंने जान लिया है कि इस समय सरस्वती सहाय हुई हैं क्योंकि इसके मुंह से रामचन्द्रजी के आने का समाचार स्वयं निकल गया।

तुलसीदासजी कहते है कि वे राक्षस रावण के वचन सुनकर वही रचना करने लगे अर्थात तेल से भिगो-भिगोकर कपडे उनकी पूंछ में लपेटने लगे।

रहा न नगर बसन घृत तेला। बाढ़ी पूँछ कीन्ह कपि खेला॥
कौतुक कहँ आए पुरबासी। रहिं चरन करहिं बहु हाँसी॥

उस समय हनुमानजी ने ऐसा खेल किया कि अपनी पूंछ इतनी लंबी बढ़ा दी जिसको लपेटने के लिये नगरी में कपडा, घी व तेल कुछ भी बाकी न रहा।

नगर के जो लोग तमाशा देखने को वहां आये थे वे सब लातें मार-मारकर बहुत हँसते हैं।

बाजहिं ढोल देहिं सब तारी। नगर फेरि पुनि पूँछ प्रजारी॥
पावक जरत देखि हनुमंता। भयउ परम लघुरूप तुरंता॥

अनेक ढोल बज रहे हैं, सबलोग ताली दे रहे हैं, इस तरह हनुमानजी को नगरी में सर्वत्र घुमाख्र फिराकर फिर उनकी पूंछ में आग लगा दी।

हनुमानजी ने जब पूंछ में आग जलती देखी तब उन्होने तुरंत बहुत छोटा स्वरूप धारण कर लिया।

निबुकि चढ़ेउ कप कनक अटारीं। भई सभीत निसाचर नारीं।

बंधन से निकलकर पीछे सुवर्ण की अटारियों पर चढ़ गए, जिसको देखते ही तमाम राक्षसों की स्त्रीयां भयभीत हो गयीं।

दोहा-हरि प्रेरित तेहि अवसर चले मरुत उनचास।
अट्टहास करि गर्जा कपि बढ़ि लाग अकास॥

उस समय भगवान की प्रेरणा से उनचासों पवन बहने लगे और हनुमानजी ने अपना स्वरूप ऐसा बढ़ाया कि वह आकाश में जा लगा फिर अट्टहास करके बड़े जोर से गरजे।

देह बिसाल परम हरुआई। मंदिर तें मंदिर चढ़ धाई॥
जरइ नगर भा लोग बिहाला। झपट लपट बहु कोटि कराला॥

यद्यपि हनुमानजी का शरीर बहुत बड़ा था परंतु शरीर में बड़ी फुर्ती थी जिससे वह एक घर से दूसरे घरपर चढ़ते चले जाते थे। जिससे तमाम नगर जल गया। सब लोग बेहाल हो गये और झपट कर बहुत से विकराल कोटपर चढ़ गये।

तात मातु हा सुनिअ पुकारा। एहिं अवसर को हमहि उबारा॥
हम जो कहा यह कपि नहिं होई। बानर रूप धरें सुर कोई॥

सबलोग पुकारने लगे कि हे तात! हे माता! अब इस समय में हमें कौन बचाएगा।

हमने जो कहा था कि यह वानर नहीं है, कोई देव वानर का रूप धरकर आया है, सो देख लीजिये यह बात ऐसी ही है।

साधु अवग्या कर फलु ऐसा। जरइ नगर अनाथ कर जैसा॥
जारा नगरु निमिष एक माहीं। एक बिभीषन कर गृह नाहीं॥

यह नगर जो अनाथ के नगरके समान जला है सो तो साधु पुरुषों का अपमान करनें का फल ऐसाही हुआ करता है।

तुलसीदासजी कहते हैं कि हनुमानजी ने एक क्षण में तमाम नगर को जला दिया, केवल एक बिभीषण के घरको नहीं जलाया।

ता कर दूत अनल जेहिं सिरिजा। जरा न सो तेहि कारन गिरिजा॥
उलटि पलटि लंका सब जारी। कूदि परा पुनि सिंधु मझारी॥

महादेवजी कहते हैं कि हे पार्वती! जिसने इस अग्नि को पैदा किया है उस परमेश्वर का बिभीषण भक्त था इस कारण से उसका घर नहीं जला। हनुमानजी ने उलटखपलट कर (एक ओर से दूसरी ओर तक) तमाम लंका को जला कर फिर समुद्र के अंदर कूद पडे।

दोहा-पूँछ बुझाइ खोइ श्रम धरि लघु रूप बहोरि।
जनकसुता कें आगें ठाढ़ भयउ कर जोरि॥

अपनी पूछ को बुझाकर, श्रमको मिटाकर (थकावट दूर करके), फिर से छोटा स्वरूप धारण करके हनुमानजी हाथ जोड़कर सीताजी के आगे आ खडे हुए।

मातु मोहि दीजे कछु चीन्हा। जैसें रघुनायक मोहि दीन्हा॥
चूड़ामनि उतारि तब दयऊ। हरष समेत पवनसुत लयऊ॥

बोले कि हे माता! जैसे रामचन्द्रजी ने मुझको पहचान के लिये मुद्रिकाका निशान दिया था, वैसे ही आपभी मुझको कुछ चिन्ह दो।

तब सीताजीने अपने सिर से उतार कर चूडामणि दिया। हनुमानजी ने बड़े आनंदके साथ वह ले लिया।

कहेहु तात अस मोर प्रनामा। सब प्रकार प्रभु पूरनकामा॥
दीन दयाल बिरिदु संभारी। हरहु नाथ सम संकट भारी॥

प्रभु से ऐसे कहना कि हे प्रभु! यद्यपि आप सर्व प्रकार से पूर्ण काम हो (आपको किसी प्रकार की कामना नहीं है)।
हे नाथ! आप दीनदयाल हो, इसलिये अपने विरदको सँभाल कर (दीन दु:खियों पर दया करना आपका विरद है, सो उस विरद को याद करके) मेरे इस महासंकट को दूर करो।

तात सक्रसुत कथा सनाएहु। बान प्रताप प्रभुहि समुझाएहु॥
मास दिवस महुँ नाथु न आवा। तौ पुनि मोहि जिअत नहिं पावा॥

हे पुत्र। फिर इन्द्र के पुत्र जयंत की कथा सुनाकर प्रभु को बाणों का प्रताप समझाकर याद दिलाना।
और कहना कि हे नाथ! जो आप एक महीने के अन्दर नहीं पधारोगे तो फिर आप मुझको जीवित नहीं पाएँगे।

कहु कपि केहि बिधि राखौं प्राना। तुम्हहू तात कहत अब जाना॥
तोहि देखि सीतलि भइ छाती। पुनि मो कहुँ सोइ दिनु सो राती॥

हे तात! कहना, अब मैं अपने प्राणों को किस प्रकार रखूँ? क्योंकि पुत्र तुम भी अब जाने को कह रहे हो।
तुमको देखकर मेरी छाती ठंढी हुई थी परंतु अब तो फिर से मेरे लिए वही दिन हैं और वही रातें हैं।

दोहा-जनकसुतहि समुझाइ करि बहु बिधि धीरजु दीन्ह।
चरन कमल सिरु नाइ कपि गवनु राम पहिं कीन्ह॥

हनुमानजी ने सीताजी को (जानकी को) अनेक प्रकार से समझाकर कई तरह से धीरज दिया और फिर उनके चरण कमलों में सिर नमाकर वहां से रामचन्द्रजी के पास रवाना हुए।

चलत महाधुनि गर्जेसि भारी। गर्भ स्रवहिं सुनि निसिचर नारी॥
नाघि सिंधु एहि पारहि आवा। सबद किलिकिला कपिन्ह सुनावा॥

जाते समय हनुमानजीने ऐसी भारी गर्जना की, कि जिसको सुनकर राक्षसियों के गर्भ गिर गये।
समुद्र को लांघकर हनुमानजी समुद्र के इस पार आए और उस समय उन्होंने किलकिला शब्द (हर्षध्वनि) सब बन्दरों को सुनाया।

राका दिन पहूँचेउ हनुमन्ता। धाय धाय कापी मिले तुरन्ता॥

हनुमानजीने लंका से लौटकर कार्तिककी पूर्णिमाके दिन वहां पहुंचे। उस समय दौड़ दौड़ कर वानर बडी त्वराके साथ हनुमान जी से मिले।

हरषे सब बिलोकि हनुमाना। नूतन जन्म कपिन्ह तब जाना॥
मुख प्रसन्न तन तेज बिराजा। कीन्हेसि रामचंद्र कर काजा॥

हनुमानजी को देखकर सब वानर बहुत प्रसन्न हुए और उस समय वानरों ने अपना नया जन्म समझा।

हुनमानजी का मुख अति प्रसन्न और शरीर तेज से अत्यंत दैदीप्यमान देखकर वानरों ने जान लिया कि हनुमानजी रामचन्द्रजी का कार्य करके आए हैं।

मिले सकल अति भए सुखारी। तलफत मीन पाव जिमि बारी॥
चले हरषि रघुनायक पासा। पूँछत कहत नवल इतिहासा॥

इसी से सब वानर परम प्रेम के साथ हनुमानजी से मिले और अत्यन्त प्रसन्न हुए। वे कैसे प्रसन्न हुए सो कहते हैं कि मानो तड़पती हुई मछली को पानी मिल गया।

फिर वे सब सुन्दर इतिहास पूंछते हुए तथा कहते हुए आनंद के साथ रामचन्द्रजी के पास चले।

तब मधुबन भीतर सब आए। अंगद संमत मधु फल खाए॥

रखवारे जब बरजन लागे। फिर उन सबों ने मधुवन के अन्दर आकर युवराज अंगदके साथ वहां मीठे फल खाये।

जब वहां के पहरेदार बरजने लगे तब उनको मुक्कों से ऐसा मारा कि वे सब वहां से भाग गये।मुष्टि प्रहार हनत सब भागे।

दोहा-जाइ पुकारे ते सब बन उजार जुबराज।
सुनि सुग्रीव हरष कपि करि आए प्रभु काज॥

वहां से जो वानर भाग कर बचे थे उन सभी ने जाकर राजा सुग्रीव से कहा कि हे राजन! युवराज ने वन का सत्यानाश कर

दिया है। यह समाचार सुनकर सुग्रीव को बड़ा आनंद आया कि वे लोग प्रभु का काम करके आए हैं।

जौं न होति सीता सुधि पाई। मधुबन के फल सकहिं कि खाई।।
एहि बिधि मन बिचार कर राजा। आइ गए कपि सहित समाजा।।

सुग्रीव को आनंद क्यों हुआ? उसका कारण कहते हैं। सुग्रीव ने मन में विचार किया कि जो उनको सीताजी की खबर नहीं मिली होती तो वे मधुवन के फल कदापि नहीं खाते।

राजा सुग्रीव इस तरह मनमें विचार कर रहे थे। इतनेमें समाज के साथ वे तमाम वानर वहां चले आये।

आइ सबन्हि नावा पद सीसा। मिलेउ सबन्हि अति प्रेम कपीसा।।
पूँछी कुसल कुसल पद देखी। राम कृपाँ भा काजु बिसेषी।।

सबने आकर सुग्रीव के चरणों में सिर नवाया और आकर उन सभी ने नमस्कार किया तब बड़े प्यारके साथ सुग्रीव उन सबसे मिले। सुग्रीव ने सभीसे कुशल पूंछा तब उन्होंने कहा कि नाथ! आपके चरण कुशल देखकर हम कुशल हैं और जो यह काम बना है सो केवल रामचन्द्रजी की कृपासे बना है।

नाथ काजु कीन्हेउ हनुमाना। राखे सकल कपिन्ह के प्राना।।
सुनि सुग्रीव बहुरि तेहि मिलेऊ। कपिन्ह सहित रघुपति पहिं चलेऊ।।

हे नाथ! यह काम हनुमानजी ने किया है। यह काम क्या किया है मानो सब वानरों के इसने प्राण बचा लिये हैं।

यह बात सुनकर सुग्रीव उठकर फिर हनुमानजी से मिले और वानरों के साथ रामचन्द्रजी के पास आए।

राम कपिन्ह जब आवत देखा। किएँ काजु मन हरष बिसेषा।।
फटिक सिला बैठे द्वौ भाई। परे सकल कपि चरनन्हि जाई।।

वानरों को आते देखकर रामचन्द्रजी के मन में बड़ा आनन्द हुआ क ये लोग काम सिद्ध करके आ गये हैं। राम और लक्ष्मण ये दोनों भाई स्फटिकमणि की शिलापर बैठे हुए थे। वहां जाकर सब वानर दोनों भाइयों के चरणों में गिरे।

दोहा-प्रीति सहित सब भेंटे रघुपति करुना पुंज॥
पूछी कुसल नाथ अब कुसल देखि पद कंज॥

करुणानिधान श्रीरामचन्द्रजी प्रीतिपूर्वक सब वानरों से मिले और उनसे कुशल पूँछा। तब उन्होंने कहा कि हे नाथ! आपके चरण कमलों को कुशल देखकर (चरणकमलोंके दर्शन पाने से) अब हम कुशल हैं।

जामवंत कह सुनु रघुराया। जा पर नाथ करहु तुम्ह दाया॥
ताहि सदा सुभ कुसल निरंतर। सुर नर मुनि प्रसन्न ता ऊपर॥

उस समय जाम्बवन्त ने रामचन्द्रजी से कहा कि हे नाथ! सुनो, आप जिस पर दया करते हैं उसके सदा सर्वदा शुभ और कुशल निरंतर रहते हैं। तथा देवता मनुष्य और मुनि सभी उस पर सदा प्रसन्न रहते हैं।

सोइ बिजई बिनई गुन सागर। तासु सुजसु त्रैलोक उजागर॥
प्रभु कीं कृपा भयउ सबु काजू। जन्म हमार सुफल भा आजू॥

वही विजयी (विजय करनेवाला), विनयी (विनयवाला) और गुणों का समुद्र होता है और उसकी सुख्याति तीनों लोकों में प्रसिद्ध रहती है।

यह सब काम आपकी कृपा से सिद्ध हुआ है और हमारा जन्म भी आज ही सफल हुआ है।

नाथ पवनसुत कीन्हि जो करनी। सहसहुँ मुख न जाइ सो बरनी॥
पवनतनय के चरित सुहाए। जामवंत रघुपतिहि सुनाए॥

हे नाथ! पवनपुत्र हनुमानजी ने जो काम किया है उसका हजार मुखों से भी वर्णन नहीं किया जा सकता।

हनुमानजी की प्रशंसा के वचन और कार्य जाम्बवन्त ने रामचन्द्रजी को सुनाये।

सुनत कृपानिधि मन अति भाए। पुनि हनुमान हरषि हियँ लाए॥
कहहु तात केहि भाँति जानकी। रहति करति रच्छा स्वप्रान की॥

उन वचनों को सुनकर दयालु श्रीरामचन्द्न जी उठकर हनुमानजी को अपनी छातीसे लगाया।

श्रीराम ने हनुमानजी से पूछा कि हे तात! कहो, सीता किस तरह रहती है? और अपने प्राणों की रक्षा वह किस तरह करती है।

दोहा-नाम पाहरू दिवस निसि ध्यान तुम्हार कपाट।
लोचन निज पद जंत्रित जाहिं प्रान केहिं बाट॥

हनुमानजी ने कहा कि हे नाथ! यद्यपि सीताजी को कष्ट तो इतना है कि उनके प्राण एक क्षणभर न रहें। परंतु सीताजी ने आपके दर्शन के लिए प्राणों का ऐसा बंदोबस्त करके रखा है कि रात दिन अखंड पहरा देनेके वास्ते आपके नाम को तो माता ने सिपाही बना रखा है (आपका नाम रात-दिन पहरा देनेवाला है)। और आपके ध्यान को कपाट बनाया है (आपका ध्यान ही किवाड़ है)। और अपने नीचे किये हुए नेत्रों से जो अपने चरण की ओर निहारती हैं वह यंत्रिका अर्थात् ताला है। अब उनके प्राण किस रास्ते बाहर निकलें।

चलत मोहि चूड़ामनि दीन्ही। रघुपति हृदयँ लाइ सोइ लीन्ही॥
नाथ जुगल लोचन भरि बारी। बचन कहे कछु जनककुमारी॥

चलते समय मुझको यह चूड़ामणि दिया हे। ऐसे कह कर हनुमानजी ने वह चूड़ामणि रामचन्द्रजीको दे दिया। तब रामचन्द्रजी ने उस रत्नको लेकर अपनी छातीसे लगाया।

तब हनुमानजी ने कहा कि हे नाथ! दोनो हाथ जोड़कर नेत्रों में जल लाकर सीताजी ने कुछ वचन भी कहे हैं, सो सुनिये।

अनुज समेत गहेहु प्रभु चरना। दीन बंधु प्रनतारति हरना॥
मन क्रम बचन चरन अनुरागी। केहिं अपराध नाथ हौं त्यागी॥

सीताजी ने कहा है कि लक्ष्मणजी के साथ प्रभु के चरण धरकर मेरी ओर से ऐसी प्रार्थना करना कि हे नाथ! आप तो दीनबंधु और शरणागतों के संकट को मिटानेवाले हो।

फिर मन, वचन और कर्म से चरणो में प्रीति रखनेवाली मुझ दासी को आपने किस अपराध से त्याग दिया है।

अवगुन एक मोर मैं माना। बिछुरत प्रान न कीन्ह पयाना॥
नाथ सो नयनन्हि को अपराधा। निसरत प्रान करहिं हठि बाधा॥

हाँ, मेरा एक अपराध पक्का (अवश्य) हैं और वह मैंने जान भी लिया है कि आपसे बिछुडते ही (वियोग होते ही) मेरे प्राण नहीं निकल गये।

परंतु हें नाथ! वह अपराध मेरा नहीं है किन्तु नेत्रों का है; क्योंकि जिस समय प्राण निकलने लगते हैं उस समय ये नेत्र हठ कर उसमें बाधा कर देते हैं (अर्थात् केवल आपके दर्शन के लो भसे मेरे प्राण बने रहे हैं।

बिरह अगिनि तनु तूल समीरा। स्वास जरइ छन माहिं सरीरा॥
नयन स्रवहिं जलु निज हित लागी। जरैं न पाव देह बिरहागी॥

प्रभु! आपका विरह तो अग्नि है, मेरा शरीर तूल (रुई) है। श्वास प्रबल वायु है। अब इस सामग्री के रहते शरीर क्षणभर में जल जाय इसमें कोई आश्चर्य नहीं।

परंतु नेत्र अपने हित के लिए अर्थात् दर्शन के वास्ते जल बह-बहा कर उस विरह की आग को शांत करते हैं, इससे विरह की आग भी मेरे शरीर को जला नहीं पाती।

सीता कै अति बिपति बिसाला। बिनहिं कहें भलि दीनदयाला॥

हनुमानजी ने कहा कि हे दीनदयाल! माता सीताकी विपत्ति ऐसी भारी है कि उसको न कहना ही अच्छा है।

दोहा-निमिष निमिष करुनानिधि जाहिं कलप सम बीति।
बेगि चलिअ प्रभु आनिअ भुज बल खल दल जीति॥

हे करुणानिधान! हे प्रभु! सीताजी के एक एक क्षण, सौ-सौ कल्प के समान व्यतीत होते हैं। इसलिए जल्दी चलकर और अपने बाहुबल से दुष्टों के दल को जीतकर उनको जल्दी ले आइए।

सुनि सीता दुख प्रभु सुख अयना। भरि आए जल राजिव नयना॥
बचन कायँ मन मम गति जाही। सपनेहुँ बूझिअ बिपति कि ताही॥

सुख के धाम श्रीरामचन्द्र जी सीताजी के दुःख के समाचार सुन

अति खिन्न हुए और उनके कमल जैसे दोनों नेत्रों में जल भर आया। रामचन्द्रजी ने कहा कि जिसने मन, वचन व कर्म से मेरा शरण लिया है क्या स्वप्न में भी उसको विपत्ति होनी चाहिये? कदापि नहीं।

कह हनुमंत बिपति प्रभु सोई। जब तव सुमिरन भजन न होई॥
केतिक बात प्रभु जातुधान की। रिपुहि जीति आनिबी जानकी॥

हनुमानजी ने कहा कि हे प्रभु! मनुष्य की यह विपत्ति तो वही (तभी) है जब यह मनुष्य आपका भजन स्मरण नही करता। हे प्रभु! इस राक्षस की कितनी-सी बात है। आप शत्रु को जीतकर सीताजी को ले आइये।

सुनु कपि तोहि समान उपकारी। नहिं कोउ सुर नर मुनि तनुधारी॥
प्रति उपकार करौं का तोरा। सनमुख होइ न सकत मन मोरा॥

रामचन्द्रजी ने कहा कि हे हनुमान! सुन, तेरे बराबर मेरे उपकार करनेवाला देवता, मनुष्य और मुनि कोई भी देहधारी नहीं है। हे हनुमान! मैं तेरा क्या प्रत्युपकार (बदले में उपकार) करूं; क्योंकि मेरा मन बदला देने के वास्ते सन्मुख ही (मेरा मन भी तेरे सामने) नहीं हो सकता।

सुनु सुत तोहि उरिन मैं नाहीं। देखेउँ करि बिचार मन माहीं॥
पुनि पुनि कपिहि चितव सुरत्राता। लोचन नीर पुलक अति गाता॥

हे हनुमान! सुन, मैंने अपने मन में विचार करके देख लिया है कि मैं तुमसे उऋण नहीं हो सकता।

रामचन्द्रजी ज्यों-ज्यों बारंबार हनुमानजी की ओर देखते है; त्यों-त्यों उनके नेत्रों में जल भर आता है और शरीर पुलकित हो जाता है।

दोहा-सुनि प्रभु बचन बिलोकि मुख गात हरषि हनुमंत।
चरन परेउ प्रेमाकुल त्राहि त्राहि भगवंत॥

हनुमानजी प्रभु के वचन सुनकर और प्रभु के मुख की ओर देखकर मन में परम हर्षित हो गए।

और बहुत व्याकुल होकर कहा 'हे भगवान्! रक्षा करो' ऐसे कहता हुए चरणों मे गिर पड़े।

बार बार प्रभु चहइ उठावा। प्रेम मगन तेहि उठब न भावा॥
प्रभु कर पंकज कपि कें सीसा। सुमिरि सो दसा मगन गौरीसा॥

यद्यपि प्रभु उनको चरणोंमेंसे बार-बार उठाना चाहते हैं, परंतु हनुमान् प्रेम में ऐसे मग्न हो गए थे कि वह उठना नहीं चाहते थे। कवि कहते हैं कि रामचन्द्रजी के चरणकमलों के बीच हनुमानजी सिर धरे हैं इस बात को स्मरण करके महादेव की भी वही दशा हो गयी और प्रेम में मग्न हो गये; क्योंकि हनुमान् रुद्र का ही अंशावतार हैं।

सावधान मन करि पुनि संकर। लागे कहन कथा अति सुंदर॥
कपि उठाई प्रभु हृदयँ लगावा। कर गहि परम निकट बैठावा॥

फिर महादेव अपने मन को सावधान करके अति मनोहर कथा कहने लगे।

महादेवजी कहते हैं कि हे पार्वती! प्रभु ने हनमान को उठाकर छाती से लगाया और हाथ पकड कर अपने बहुत निकट बिठाया।

कहु कपि रावन पालित लंका। केहि बिधि दहेउ दुर्ग अति बंका॥
प्रभु प्रसन्न जाना हनुमाना। बोला बचन बिगत अभिमाना॥

हनुमान से कहा कि हे हनुमान! कहो, वह रावण की पाली हुई लंकापुरी, कि जो बड़ा बंका किला है, उसको तुमने कैसे जलाया? रामचन्द्रजी की यह बात सुन उनको प्रसन्न जानकर हनुमानजी ने अभिमानरहित होकर यह वचन कहे कि।

साखामग कै बड़ि मनुसाई। साखा तें साखा पर जाई॥
नाघि सिंधु हाटकपुर जारा। निसिचर गन बधि बिपिन उजारा॥

हे प्रभु! बानर का तो अत्यंत पराक्रम यही है कि वृक्ष की एक डाल से दूसरी डालपर कूद जाय।

परंतु जो मैं समुद्र को लांघकर लंका में चला गया और वहां जाकर मैंने लंका को जला दिया और बहुत से राक्षसों को मारकर अशोक वन को उजाड़ दिया।

सो सब तव प्रताप रघुराई। नाथ न कछू मोरि प्रभुताई।।

हे प्रभु! यह सब आप ही का प्रताप है। हे नाथ! इसमें मेरी प्रभुता कुछ नहीं है।

दोहा-ता कहुँ प्रभु कछु अगम नहिं जा पर तुम्ह अनुकूल।
तव प्रभावँ बड़वानलहि जारि सकइ खलु तूल।।

हे प्रभु! आप जिस पर प्रसन्न हों, उसके लिए कुछ भी असाध्य (कठिन) नहीं है।

आपके प्रताप से निश्चय रूई बड़वानल को भी जला सकती है

नाथ भगति अति सुखदायनी। देहु कृपा करि अनपायनी।।
सुनि प्रभु परम सरल कपि बानी। एवमस्तु तब कहेउ भवानी।।

रामचन्द्रजी के ये वचन सुनकर हनुमानजी ने कहा कि हे नाथ! मुझे तो कृपा करके आपकी अनपायिनी (जिसमें कभी विच्छेद नहीं पडे ऐसी, निश्चल) कल्याणकारी और सुखदायी भक्ति दो। महादेवजी ने कहा कि हे पार्वती! हनुमानकी ऐसी परम सरल वाणी सुनकर प्रभु ने कहा कि हे हनुमान! 'एवमस्तु' (ऐसा ही हो) अर्थात् तुमको हमारी भक्ति प्राप्त हो।

उमा राम सुभाउ जेहिं जाना। ताहि भजनु तजि भाव न आना।।
यह संबाद जासु उर आवा। रघुपति चरन भगति सोइ पावा।।

हे पार्वती! जिन्होंने रामचन्द्रजी के परम दयालु स्वभाव को जान लिया है, उनको रामचन्द्रजी की भक्ति को छोड़कर दूसरा कुछ भी अच्छा नहीं लगता।

यह हनुमान् और रामचन्द्रजी का संवाद जिसके हृदय में दृढ़ रीति से आ जाता है, वह श्री रामचन्द्रजी की भक्ति को अवश्य पा लेता है।

सुनि प्रभु बचन कहहिं कपिबृंदा। जय जय जय कृपाल सुखकंदा।।
तब रघुपति कपिपतिहि बोलावा। कहा चलैं कर करहु बनावा।।

प्रभु के ऐसे वचन सुनकर तमाम वानरवृन्द ने पुकार कर कहा

कि हे दयालू! हे सुख के मूलकारण प्रभु! आपकी जय हो, जय हो, जय हो।

उस समय प्रभु ने सुग्रीव को बुलाकर कहा कि हे सुग्रीव! अब चलनेकी तैयारी करो।

अब बिलंबु केह कारन कीजे। तुरंत कपिन्ह कहँ आयसु दीजे॥
कौतुक देखि सुमन बहु बरषी। नभ तें भवन चले सुर हरषी॥

अब विलम्ब क्यों किया जाता है। अब तुम वानरों को तुरंत आज्ञा क्यो नहीं देते हो।

इस कौतुक (भगवान की यह लीला) को देखकर देवताओं ने आकाश से बहुत से फूल बरसाये और फिर वे आनंदित होकर अपने-अपने लोक को चल दिये।

दोहा-कपिपति बेगि बोलाए आए जूथप जूथ।
नाना बरन अतुल बल बानर भालु बरूथ॥

रामचन्द्रजी की आज्ञा होते ही सुग्रीव ने वानरों के सेनापतियों को बुलाया और सुग्रीव की आज्ञा के साथही वानर और रीछों के झुंड कि जिनके अनेक प्रकार के वर्ण हैं और अतुलित बल हैं वे वहां आये।

प्रभु पद पंकज नावहिं सीसा। गर्जहिं भालु महाबल कीसा॥
देखी राम सकल कपि सेना। चितइ कृपा करि राजिव नैना॥

महाबली वानर और रीछ वहां आकर गर्जना करते हैं और रामचन्द्रजी के चरणकमलों में सिर झुकाकर प्रणाम करते हैं। तमाम वानरों की सेना को देखकर कमलनयन प्रभु ने कृपा दृष्टि से उनकी ओर देखा।

राम कृपा बल पाइ कपिंदा। भए पच्छजुत मनहुँ गिरिंदा॥
हरषि राम तब कीन्ह पयाना। सगुन भए सुंदर सुभ नाना॥

प्रभु की कृपादृष्टि पड़ते ही तमाम वानर रघुनाथजी के कृपाबल को पाकर ऐसे बली और बड़े हो गये कि मानों पक्षसहित पहाड़ ही (पंखवाले बड़े पर्वत) तो नहीं है?

उस समय रामचन्द्रजी ने आनंदित होकर प्रयाण किया। तब नाना प्रकार के अच्छे और सुन्दर शगुन भी होने लगे।

जासु सकल मंगलमय कीती। तासु पयान सगुन यह नीती॥
प्रभु पयान जाना बैदेहीं। फरकि बाम अँग जनु कहि देहीं॥

यह दस्तूर है कि जिसके सब मंगलमय होना होता है (जिनकी कीर्ति सब मंगलों से पूर्ण है) उसके प्रयाण के समय शगुन भी अच्छे होते हैं।

प्रभु ने प्रयाण किया उसकी खबर सीताजी को भी हो गई; क्योंकि जिस समय प्रभुने प्रयाण किया उस समय सीताजी के शुभ सूचक बाएं अंग फड़कने लगे (मानो कह रह है की श्री राम आ रहे हैं)।

जोइ जोइ सगुन जानकिहि होई। असगुन भयउ रावनहिं सोई॥
चला कटकु को बरनैं पारा। गर्जहिं बानर भालु अपारा॥

जो-जो शगुन सीताजी के अच्छे हुए वे सब रावण के बुरे शगुन हुए।

इस प्रकार रामचन्द्रजी की सेना रवाना हुई, कि जिसके अन्दर असंख्यात वानर और रीछ गरज रहे हैं। उस सेना का वर्णन करके कौन आदमी पार पा सकता है।

नख आयुध गिरि पादपधारी। चले गगन महि इच्छाचारी॥
केहरिनाद भालु कपि करहीं। डगमगाहिं दिग्गज चिक्करहीं॥

जिनके नख ही तो शस्त्र हैं। पर्वत व वृक्ष हाथों में है वे इच्छाचारी वानर (इच्छानुसार सर्वत्र बेरोक-टोक चलनेवाले) और रीछ आकाश में कूदते हुए, आकाश मार्ग होकर सेना के बीच जा रहे हैं।

वानर व रीछ मार्ग में जाते हुए सिंहनाद कर रहे हैं। जिससे दिग्गज हाथी डगमगाते हैं और चीत्कार करते हैं।

छंद-चिक्करहिं दिग्गज डोल महि गिरि लोल सागर खरभरे।
मन हरष सभ गंधर्ब सुर मुनि नाग किंनर दुख टरे॥

कटकटहिं मर्कट बिकट भट बहु कोटि कोटिन्ह धावहीं।
जय राम प्रबल प्रताप कोसलनाथ गुन गन गावहीं।।

जब रामचन्द्रजी ने प्रयाण किया तब दिग्गज चिंघाड़ने लगे, पृथ्वी डगमगाने लगी, पर्वत कांपने लगे, समुद्र खड़भड़ा गये, सूर्य आनंदित हुआ कि हमारे वंश में दुष्टों को दंड देनेवाला पैदा हुआ। देवता, मुनि, नाग व् किन्नर ये सब मन में हर्षित हुए कि अब हमारे दुःख टल गए। वानर विकट रीति से कटकटा रहे हैं, कोटयानकोट बहुत से भट इधर उधर दौड़ रहे हैं और रामचन्द्रजी के गुणगणों को गा रहे हैं कि हे प्रबल प्रताप वाले राम! आपकी जय हो।

सहि सक न भार उदार अहिपति बार बारहिं मोहई।
गह दसन पुनि पुनि कमठ पृष्ठ कठोर सो किमि सोहई।।
रघुबीर रुचिर प्रयान प्रस्थिति जानि परम सुहावनी।
जनु कमठ खर्पर सर्पराज सो लिखत अबिचल पावनी।।

उस सेना के अपार भार को शेषजी (सर्पराज शेष) स्वयं सह नहीं सकते जिससे बारंबार मोहित होते हैं और अपने दाँतों से बार-बार कमठ की (कच्छप की) कठोर पीठ को पकडे रहते हैं। सो वह शोभा कैसी मालूम होती है कि मानो रामचन्द्रजी के सुन्दर प्रयाण की प्रस्थिति (प्रस्थान यात्रा) को परमरम्य जानकर शेषजी कमठ की पीठरूप खप्पर पर अपने दांतो से लिख रहे हैं, कि जिससे वह प्रस्थान का पवित्र संवत् च मिती सदा स्थिर बनी रहे, जैसे कुएं बावली मंदिर आदि बनानेवाले उसपर पत्थर में प्रशस्ति खुदवाकर लगा देते है ऐसे शेषजी मानो कमठ की पीठ पर प्रशस्ति ही खोद रहे थे।

दोहा-एहि बिधि जाइ कृपानिधि उतरे सागर तीर।
जहँ तहँ लागे खान फल भालु बिपुल कपि बीर।।

कृपा के भंडार श्रीरामचन्द्र जी इस तरह जाकर समुद्र के तीर (किनारे) पर उतरे, तब वीर रीछ और वानर जहां तहां बहुत-से फल खाने लगे।

उहाँ निसाचर रहहिं ससंका। जब तें जारि गयउ कपि लंका॥
निज निज गृहँ सब करहिं बिचारा। नहिं निसिचर कुल केर उबारा॥

जब से हनुमान् लंका को जलाकर चले गए तबसे वहां राक्षस लोग शंकासहित (भयभीत) रहने लगे।

और अपने-अपने घरों में सब विचार करने लगे कि अब राक्षस कुल बचने वाला नहीं है

जासु दूत बल बरनि न जाई। तेहि आएँ पुर कवन भलाई॥
दूतिन्ह सन सुनि पुरजन बानी। मंदोदरी अधिक अकुलानी॥

हम लोग जिसके दूत के बल को भी कह नहीं सकते उसके आने पर फिर पुरका भला कैसे हो सकेगा (बुरी दशा होगी)।

नगर के लोगों की ऐसी अति भयसहित वाणी सुनकर मन्दोंदरी अपने मन में बहुत घबरायी।

रहसि जोरि कर पति पग लागी। बोली बचन नीति रस पागी॥
कंत करष हरि सन परिहरहू। मोर कहा अति हित हियँ धरहू॥

एकान्त में आकर हाथ जोड़कर पति के चरणों मे गिरकर निति के रस से भरे हुए ये वचन बोली कि "हे कान्त! हरि भगवान से जो आपके वैरभाव हैं उसे छोड़ दीजिए। मैं जो आपसे कहती हूँ वह आपको अत्यंत हितकारी है, सो इसको अपने चित्त में धारण कीजिए।

समुझत जासु दूत कइ करनी। स्रवहिं गर्भ रजनीचर घरनी॥
तासु नारि निज सचिव बोलाई। पठवहु कंत जो चहहु भलाई॥

भला अब उसके दूत के काम को तो देखो कि जिसका नाम ले ने से राक्षसियों के गर्भ गिर जाते हैं ।

इसलिए हे कान्त! मेरा कहना तो यह है कि जो आप अपना भला चाहो तो, अपने मंत्रियों को बुलाकर उसके साथ उनकी स्त्री को भेज दीजिए।

तव कुल कमल बिपिन दुखदाई। सीता सीत निसा सम आई॥
सुनहु नाथ सीता बिनु दीन्हें। हित न तुम्हार संभु अज कीन्हें॥

जैसे शीतऋतु अर्थात् शिशिर ऋतु की रात्रि (जाड़े की रात्रि) आने से कमलों के बन का नाश हो जाता हे ऐसे तुम्हारे कुलरूप कमलबन का संहार करने के लिये यह सीता शिशिर रितु की रात्रि के समान आयी है।

हे नाथ! सुनो, सीता को बिना देने के तो चाहे महादेव ओर ब्रह्माजी भले कुछ उपाय क्यों न करें पर उससे आपका हित नहीं होगा।

दोहा-राम बान अहि गन सरिस निकर निसाचर भेक।
जब लगि ग्रसत न तब लगि जतनु करहु तजि टेक॥

हे नाथ! रामचन्द्रजी के बाण तो सर्पों के गण के (समूह) समान हैं और राक्षस समूह मेंडक के झुंड के समान हैं। सो वे इनका संहार नहीं करते इससे पहले पहले आप यत्न करो और जिस बात का हठ पकड़ रक्खा है उसको छोड़कर उपाय कर लीजिए।

श्रवन सुनी सठ ता करि बानी। बिहसा जगत बिदित अभिमानी॥
सभय सुभाउ नारि कर साचा। मंगल महुँ भय मन अति काचा॥

कवि कहता है कि वो शठ मन्दोदरी की यह वाणी सुनकर हँसा, क्योंकि उसके अभिमान को तमाम संसार जानता है।

और बोला कि जगत में जो यह बात कही जाती है कि स्त्री का स्वभाव डरपोक होता है सो यह बात सच्ची है और इसीसे तेरा मन मंगल की बात में अमंगल समझता है।

जौं आवइ मर्कट कटकाई। जिअहिं बिचारे निसिचर खाई॥
कंपहिं लोकप जाकीं त्रासा। तासु नारि सभीत बड़ि हासा॥

रावण बोला, अब वानरों की सेना यहां आवेगी तो क्या बिचारी वह जीती रह सकेगी, क्योंकि राक्षस उसको आते ही खा जायेंगे। जिसकी त्रास के मारे लोकपाल कांपते है उसकी स्त्री का भय होना यह तो एक बड़ी हँसी की बात है।

अस कहि बिहसि ताहि उर लाई। चलेउ सभाँ ममता अधिकाई॥
मंदोदरी हृदयँ कर चिंता। भयउ कंत पर बिधि बिपरीता॥

वह दुष्ट, मंदोदारी को ऐसे कह, उसको छाती में लगाकर मन में बड़ी ममता रखता हुआ सभा में गया।

परन्तु मन्दोदरी ने उस समय समझ लिया कि अब इस कान्त पर दैव प्रतिकूल हो गया है।

बैठेउ सभाँ खबरि असि पाई। सिंधु पार सेना सब आई।।
बूझेसि सचिव उचित मत कहहू। ते सब हँसे मष्ट करि रहहू।।

रावण सभा में जाकर बैठा। वहां ऐसी खबर आयी कि सब सेना समुद्र के उस पार आ गयी है।

तब रावण ने सब मंत्रियों से पूँछा की तुम अपना-अपना जो योग्य मत हो वह कहो। तब वे सब मंत्री हँसे और चुप लगा कर रह गए।

जितेहु सुरासुर तब श्रम नाहीं। नर बानर केहि लेखे माहीं।।

फिर बोले की हे नाथ! जब आपने देवता और दैत्यों को जीता उसमें भी आपको श्रम नही हुआ तो मनुष्य और वानर तो कौन गिनती है।

दोहा-सचिव बैद गुर तीनि जौं प्रिय बोलहिं भय आस।
राज धर्म तन तीनि कर होइ बेगिहीं नास।।

जो मंत्री भय व लोभ से राजा को सुहाती बात कहता है, तो उसके राज का तुरंत नाश हो जाता है, और जो वैद्य रोगी को सुहाती बात कहता है तो रोगी का वेग ही नाश हो जाता है, तथा गुरु जो शिष्य के सुहाती बात कहता है, उसके धर्म का शीघ्र ही नाश हो जाता है।

सोइ रावन कहुँ बनी सहाई। अस्तुति करहिं सुनाइ सुनाई।।
अवसर जानि बिभीषनु आवा। भ्राता चरन सीसु तेहिं नावा।।

रावण के यहां वैसी ही सहाय बन गयी अर्थात् सब मंत्री सुना-सुना कर रावण की स्तुति करने लगे।

उस अवसर को जानकर विभीषण वहां आया और बड़े भाई के चरणों में उसने सिर नवाया।

पुनि सिरु नाइ बैठ निज आसन। बोला बचन पाइ अनुसासन॥
जौ कृपाल पूँछिहु मोहि बाता। मति अनुरूप कहउँ हित ताता॥

फिर प्रणाम करके वह अपने आसन पर जा बैठा और रावण की आज्ञा पाकर यह वचन बोला, हे कृपालु! आप मुझसे जो बात पूछते हो सो हे तात! मैं भी मेरी बुद्धि के अनुसार कहूंगा।

जो आपन चाहै कल्याना। सुजसु सुमति सुभ गति सुख नाना॥
सो परनारि लिलार गोसाईं। तजउ चउथि के चंद कि नाईं॥

हे तात! जो आप अपना कल्याण, सुयश, सुमति, शुभ-गति, और नाना प्रकार का सुख चाहते हो, तब तो हे स्वामी! परस्त्री के लिलार का (ललाट को) चौथ के चांद की नाईं (तरह) त्याग दो (जैसे लोग चौथ के चंद्रमा को नहीं देखते, उसी प्रकार परस्त्री का मुख ही न देखे)।

चौदह भुवन एक पति होई। भूतद्रोह तिष्टइ नहिं सोई॥
गुन सागर नागर नर जोऊ। अलप लोभ भल कहइ न कोऊ॥

चाहे कोई एक ही आदमी चौदहा लोकों का पति हो जावे परंतु जो प्राणी मात्र से द्रोह रखता है वह स्थिर नहीं रहता अर्थात् तुरंत नष्ट हो जाता है।

जो आदमी गुणों का सागर और चतुर है परंतु वह यदि थोड़ा भी लोभ कर जाय तो उसे कोई भी अच्छा नहीं कहता।

दोहा-काम क्रोध मद लोभ सब नाथ नरक के पंथ।
सब परिहरि रघुबीरहि भजहु भजहिं जेहि संत॥

हे नाथ! ये सद्ग्रन्थ अर्थात् वेद आदि शास्त्र ऐसे कहते हैं कि काम, क्रोध, मद और लोभ ये सब नरक के मार्ग हैं, इस वास्ते इन्हें छोड़कर रामचन्द्रजी के चरणों की सेवा करो।

तात राम नहिं नर भूपाला। भुवनेस्वर कालहु कर काला॥
ब्रह्म अनामय अज भगवंता। ब्यापक अजित अनादि अनंता॥

हे तात! राम मनुष्य और राजा नहीं हैं, किंतु वे साक्षात त्रिलोकीनाथ और कालके भी काल हैं।

जो साक्षात् परब्रह्म, निर्विकार, अजन्मा, सर्वव्यापक, अजेय, आदि और अनंत ब्रह्म हैं।

गो द्विज धेनु देव हितकारी। कृपा सिंधु मानुष तनुधारी॥
जन रंजन भंजन खल ब्राता। बेद धर्म रच्छक सुनु भ्राता॥

वे कृपासिंधु गौ, ब्राह्मण, देवता और पृथ्वी का हित करने के लिये, दुष्टों के दल का संहार करने के लिये, वेद और धर्म की रक्षा करने के लिये प्रकट हुए हैं।

ताहि बयरु तजि नाइअ माथा। प्रनतारति भंजन रघुनाथा॥
देहु नाथ प्रभु कहुँ बैदेही। भजहु राम बिनु हेतु सनेही॥

सो शरणगतों के संकट मिटाने वाले उन रामचन्द्रजी को वैर छोड़कर प्रणाम करो।

हे नाथ! रामचन्द्रजी को सीता दे दीजिए और कामना छोडकर स्नेह रखनेवाले राम का भजन करो।

सरन गएँ प्रभु ताहु न त्यागा। बिस्व द्रोह कृत अघ जेहि लागा॥
जासु नाम त्रय ताप नसावन। सोइ प्रभु प्रगट समुझु जियँ रावन॥

हे नाथ! वे शरण जाने पर ऐसे अधर्मी को भी नहीं त्यागते कि जिसको विश्वद्रोह करनेका पाप लगा हो।

हे रावण! आप अपने मन में निश्चय समझो कि जिनका नाम लेने से तीनों प्रकार के ताप निवृत्त हो जाते हैं वे ही प्रभु आज पृथ्वी पर प्रकट हुए हैं।

दोहा-बार बार पद लागउँ बिनय करउँ दससीस।
परिहरि मान मोह मद भजहु कोसलाधीस॥

हे रावण! मैं आपके बारंबार पावों में पड़कर विनती करता हूँ, सो मेरी विनती सुनकर आप मान, मोह, और मद को छोड़ श्री रामचन्द्रजी की सेवा करो।

दोहा-मुनि पुलस्ति निज सिष्य सन कहि पठई यह बात।
तुरत सो मैं प्रभु सन कही पाइ सुअवसरु तात॥

पुलस्त्य ऋषी ने अपने शिष्य को भेजकर यह बात कहला भेजी थी, सो अवसर पाकर यह बात हे रावण! मैंने आपसे कही है।

माल्यवंत अति सचिव सयाना। तासु बचन सुनि अति सुख माना।।
तात अनुज तव नीति बिभूषन। सो उर धरहु जो कहत बिभीषन।।

वहां माल्यावान नाम एक सुबुद्धि मंत्री बैठा हुआ था, वह विभीषण के वचन सुनकर अतिप्रसन्न हुआ।

उसने रावण से कहा कि तात 'आपका छोटा भाई बड़ा नीति जानने वाला है इस वास्ते बिभीषण जो बात कहता है, उसी बात को आप अपने मन में धारण करो।

रिपु उतकरष कहत सठ दोऊ। दूरि न करहु इहाँ हइ कोऊ।।
माल्यवंत गह गयउ बहोरी। कहइ बिभीषनु पुनि कर जोरी।।

माल्यवान् की यह बात सुनकर रावण ने कहा कि हे राक्षसो! ये दोनों नीच शत्रु की बड़ाई करते हैं, तुममें से कोई भी उनको यहां से निकाल नहीं देते, यह क्या बात है।

तब माल्यवान् तो उठकर अपने घर को चला गया और बिभीषण ने हाथ जोड़कर फिर कहा।

सुमति कुमति सब कें उर रहहीं। नाथ पुरान निगम अस कहहीं।।
जहाँ सुमति तहँ संपति नाना। जहाँ कुमति तहँ बिपति निदाना।।

कि हे नाथ! वेद और पुराणों में ऐसा कहा गया है कि सुबुद्धि और कुबुद्धि सबके मन में रहती है। जहां सुमति है, वहां संपदा है और जहां कुबुद्धि है वहां विपत्ति।

तव उर कुमति बसी बिपरीता। हित अनहित मानहु रिपु प्रीता।।
कालराति निसिचर कुल केरी। तेहि सीता पर प्रीति घनेरी।।

हे रावण! आपके हृदयमें कुबुद्धि आ बसी है, इसी से आप हित और अनहित को. विपरीत मानते हो की जिससे शत्रु को प्रीति होती है।

जो राक्षसों के कुल की कालरात्रि है, उस सीतापर आपकी बहुत प्रीति है, यह कुबुद्धि नहीं तो और क्या है।

दोहा- तात चरन गहि मागउँ राखहु मोर दुलार।
सीता देहु राम कहुँ अहित न होइ तुम्हार।।

हे तात में चरण पकडकर आपसे प्रार्थना करता हूं सो मेरी प्रार्थना

अंगीकार करो। आप सीता रामचंद्रजी को दे दो, जिससे आपका बहुत भला होगा।

बुध पुरान श्रुति संमत बानी। कही बिभीषन नीति बखानी॥
सुनत दसानन उठा रिसाई। खल तोहि निकट मृत्यु अब आई॥

सयाने बिभीषण ने नीति को कहकर वेद और पुराण के संमत वाणी कही।

जिसको सुनकर रावण गुस्सा होकर उठ खड़ा हुआ और बोला कि हे दुष्ट! तेरी मृत्यु निकट आ गयी दीखती है।

जिअसि सदा सठ मोर जिआवा। रिपु कर पच्छ मूढ़ तोहि भावा॥
कहसि न खल अस को जग माहीं। भुज बल जाहि जिता मैं नाहीं॥

हे नीच! सदा तू जीविका तो मेरी पाता है और किंतु शत्रु का पक्ष तुझे सदा अच्छा लगता है।

हे दुष्ट! तू यह नही कहता कि जिसको हमने अपने भुजब लसे नहीं जीता ऐसा जगत में कौन है।

मम पुर बसि तपसिन्ह पर प्रीती। सठ मिलु जाइ तिन्हहि कहु नीती॥
अस कहि कीन्हेसि चरन प्रहारा। अनुज गहे पद बारहिं बारा॥

हे शठ (मूर्ख)! मेरी नगरी में रहकर जो तू तपस्वी से प्रीति करता है तो हे नीच! उससे जा मिल और उसी से नीति का उपदेश कर। ऐसे कहकर रावण ने लातका प्रहार किया, परंतु बिभीषण ने तो इतने पर भी बारंबार पैर ही पकड़े।

उमा संत कइ इहइ बड़ाई। मंद करत जो करइ भलाई॥
तुम्ह पितु सरिस भलेहिं मोहि मारा। रामु भजें हित नाथ तुम्हारा॥

शिवजी कहते हैं, हे पार्वती! सत्पुरुषों की यही बड़ाई है कि बुरा करने वालों की भी भलाई ही सोचते हैं और करते हैं।

विभीषण ने कहा, हे रावण! आप मेरे पिता के बराबर हो इस वास्ते आपने जो मुझको मारा वह ठीक ही है, परंतु आपका भला तो रामचन्द्रजी के भजन से ही होगा।

सचिव संग लै नभ पथ गयऊ। सबहि सुनाइ कहत अस भयऊ॥

ऐसे कहकर बिभीषण अपने मंत्रियों को संग लेकर आकाश मार्ग गया और जाते समय सबको सुनाकर ऐसे कहता गया।

दोहा-रामु सत्यसंकल्प प्रभु सभा कालबस तोरि।
मैं रघुबीर सरन अब जाउँ देहु जनि खोरि॥

हे प्रभु! रामचन्द्रजी सत्यप्रतिज्ञ हैं और तेरी सभा काल के आधीन हैं और मैं अब रामचन्द्रजी के शरण जाता हूँ सो मुझको अपराध मत लगाना।

अस कहि चला बिभीषनु जबहीं। आयूहीन भए सब तबहीं॥
साधु अवग्या तुरत भवानी। कर कल्यान अखिल कै हानी॥

जिस समय विभीषण ऐसे कहकर लंका से चले उसी समय तमाम राक्षस आयुहीन हो गये।

महादेवजी ने कहा कि हे पार्वती! साधू पुरुषों की अवज्ञा करनी ऐसी ही बुरी है कि वह तुरंत तमाम कल्याण को नाश कर देती है

रावन जबहिं बिभीषन त्यागा। भयउ बिभव बिनु तबहिं अभागा॥
चलेउ हरषि रघुनायक पाहीं। करत मनोरथ बहु मन माहीं॥

रावण ने जिस समय बिभीषण का परित्याग किया उसी क्षण वह मंदभागी विभवहीन हो गया।

बिभीषण मन में अनेक प्रकार के मनोरथ करते हुए आनंद के साथ रामचन्द्रजी के पास चला।

देखिहउँ जाइ चरन जलजाता। अरुन मृदुल सेवक सुखदाता॥
जे पद परसि तरी रिषनारी। दंडक कानन पावनकारी॥

विभीषण मन में विचार करने लगा कि आज जाकर मैं रघुनाथजी के भक्त लोगों के सुखदायी अरुण (लाल वर्ण के सुंदर चरण) और सुकोमल चरणकमलों के दर्शन करूंगा।

कैसे हैं वे चरणकमल कि जिनको परस कर (स्पर्श पाकर) गौतम ऋषि की स्त्री (अहल्या) ऋषि के शाप से पार उतरी, जिनसे दंडक वन पवित्र हुआ है।

जे पद जनकसुताँ उर लाए। कपट कुरंग संग धर धाए॥
हर उर सर सरोज पद जेई। अहोभाग्य मैं देखिहउँ तेई॥

जिनको सीताजी अपने हृदय में सदा लगाये रहती हैं जो कपटी हरिण (मारीच राक्षस) के पीछे दौड़े।

रूप हृदयरूपी सरोवर भीतर कमलरूप हैं, उन चरणों को जाकर मैं देखूंगा। अहो! मेरा बड़ा भाग्य है।

दोहा-जिन्ह पायन्ह के पादुकन्हि भरतु रहे मन लाइ।
ते पद आजु बिलोकिहउँ इन्ह नयनन्हि अब जाइ॥

जिन चरणों की पादुकाओ में भरतजी रातदिन मन लगाये हैं, आज मैं जाकर इन्ही नेत्रों से उन चरणों को देखूंगा।

ऐहि बिधि करत सप्रेम बिचारा। आयउ सपदि सिंदु एहिं पारा॥
कपिन्ह बिभीषनु आवत देखा। जाना कोउ रिपु दूत बिसेषा॥

विभीषण इस प्रकार प्रेमसहित अनेक प्रकार के विचार करते हुए तुरंत समुद्र के इस पार आए।

वानरों ने बिभीषण को आते देखकर जाना कि यह शत्रु का कोई विशेष दूत है।

ताहि राखि कपीस पहिं आए। समाचार सब ताहि सुनाए॥
कह सुग्रीव सुनहु रघुराई। आवा मिलन दसानन भाई॥

वानर उनको वहीं रखकर सुग्रीव के पास आये और जाकर उनके सब समाचार सुग्रीव को सुनाये।

तब सुग्रीव ने जाकर रामचन्द्रजी से कहा कि हे प्रभु! रावण का भाई आपसे मिलने को आया है।

कह प्रभु सखा बूझिऐ काहा। कहइ कपीस सुनहु नरनाहा॥
जानि न जाइ निसाचर माया। कामरूप केहि कारन आया॥

तब रामचन्द्रजी ने कहा कि हे सखा! तुम्हारी क्या राय है (तुम क्या समझते हो)? तब सुग्रीव ने रामचन्द्रजी से कहा कि हे नरनाथ! सुनो, राक्षसों की माया जानने में नहीं आ सकती। इसी कारण यह नहीं कह सकते कि यह मनोवांछित रूप धरकर यहां क्यों आया है।

भेद हमार लेन सठ आवा। राखिअ बाँधि मोहि अस भावा॥
सखा नीति तुम्ह नीकि बिचारी। मम पन सरनागत भयहारी॥

मेरे मन में तो यह जँचता है कि यह शठ हमारा भेद लेने को आया है। इस वास्ते इसको बांधकर रख देना चाहिये।

तब रामचन्द्रजी ने कहा कि हे सखा! तुमने यह नीति बहुत अच्छी बिचारी परंतु मेरा प्रण शरणागतों का भय मिटाने का है।

सुनि प्रभु बचन हरष हनुमाना। सरनागत बच्छल भगवाना॥

रामचन्द्रजी के वचन सुनकर हनुमानजी को बड़ा आनंद हुआ कि भगवान् सच्चे शरणागत वत्सल हैं

दोहा-सरनागत कहुँ जे तजहिं निज अनहित अनुमानि।
ते नर पावँर पापमय तिन्हहि बिलोकत हानि॥

कहा गया है कि जो आदमी अपने अहित को विचार कर शरणागत को त्याग देते हैं, उन मनुष्यों को पामर (पागल) और पापरूप जानना चाहिये क्योंकि उनको देखने ही से हानि होती है

कोटि बिप्र बध लागहिं जाहू। आएँ सरन तजउँ नहिं ताहू॥
सनमुख होइ जीव मोहि जबहीं। जन्म कोटि अघ नासहिं तबहीं॥

प्रभु ने कहा कि चाहे कोई महापापी होवे अर्थात् जिसको करोड़ ब्रह्महत्या का पाप लगा हुआ होवे और वह भी यदि मेरे शरण चला आवे तो मैं उसको किसी तरह छोड़ नहीं सकता।

यह जीव जब मेरे सन्मुख हो जाता है तब मैं उसके करोड़ों जन्मों के पापों को भी नाश कर देता हूं।

पापवंत कर सहज सुभाऊ। भजनु मोर तेहि भाव न काऊ॥
जौं पै दुष्ट हृदय सोइ होई। मोरें सनमुख आव कि सोई॥

पापी पुरुषों का यह सहज स्वभाव है कि उनको किसी प्रकार से मेरा भजन अच्छा नहीं लगता।

हे सुग्रीव! जो पुरुष (वह रावण का भाई) दुष्टहृदय होगा क्या वह मेरे सन्मुख आ सकेगा? कदापि नहीं।

निर्मल मन जन सो मोहि पावा। मोहि कपट छल छिद्र न भावा॥
भेद लेन पठवा दससीसा। तबहुँ न कछु भय हानि कपीसा॥

हे सुग्रीव! जो आदमी निर्मल अंतः करणवाला होगा, वही मुझको पावेगा क्योंकि मुझको छल, छिद्र और कपट कुछ भी नहीं भाता अर्थात अच्छा नहीं लगता।

कदाचित् रावण ने इसको भेद लेने के लिए भेजा होगा, फिर भी हे सुग्रीव! हमको उसका न तो कुछ भय है और न किसी प्रकार की हानि है।

जग महुँ सखा निसाचर जेते। लछिमनु हनइ निमिष महुँ तेते॥
जौं सभीत आवा सरनाई। रखिहउँ ताहि प्रान की नाईं॥

क्योंकि जगत में जितने राक्षस हैं, उन सबों को लक्ष्मण क्षणभर में ही मार डालेगा।

और उनमें से भयभीत होकर जो मेरे शरण आ जायेगा उसको तो मैं अपने प्राणों के बराबर रखूँगा।

दोहा-उभय भाँति तेहि आनहु हँसि कह कृपानिकेत।
जय कृपाल कहि कपि चले अंगद हनू समेत॥

हँसकर कृपानिधान श्रीराम ने कहा कि हे सुग्रीव! चाहे वह शुद्ध मन से आया हो अथवा भेदबुद्धि विचारकर आया हो, दोनो ही तरह से इसको यहां ले आओ। रामचन्द्रजी के ये वचन सुनकर अंगद और हनुमान् आदि सब वानर हे कृपालु! आपकी जय हो ऐसे कहकर चले।

सादर तेहि आगें करि बानर। चले जहाँ रघुपति करुनाकर॥
दूरिहि ते देखे द्वौ भ्राता। नयनानंद दान के दाता॥

वे वानर आदरसहित विभीषण को अपने आगे लेकर उस सीान को चले कि जहां करुणानिधान श्री रघुनाथजी विराजमान थे। विभीषण ने नेत्रों को आनन्द देनेवाले उन दोनों भाइयों को दूर ही से देखा।

बहुरि राम छबिधाम बिलोकी। रहेउ ठटुकि एकटक पल रोकी॥
भुज प्रलंब कंजारुन लोचन। स्यामल गात प्रनत भय मोचन॥

फिर वह छवि के धाम श्रीरामचन्द्रजी को देखकर पलकों को रोककर एकटक देखते खड़े रहे।

श्रीरघुनाथजी का स्वरूप कैसा है जिसमें लंबी भुजा है, कमल से लाल नेत्र हैं। मेघ-सा सघन श्याम शरीर है, जो शरणागतों के भय को मिटानेवाला है।

सघ कंध आयत उर सोहा। आनन अमित मदन मन मोहा॥
नयन नीर पुलकित अति गाता। मन धरि धीर कही मृदु बाता॥

जिसके सिंह से कंधे है, विशाल वक्षःस्थल शोभायमान है, मुख

ऐसा है कि जिसकी छवि को देखकर असंख्य कामदेव मोहित हो जाते हैं।

उस स्वरूप का दर्शन होते ही विभीषण के नेत्रों में जल आ गया। शरीर अत्यंत पुलकित हो गया, तथापि उसने मन में धीरज धरकर ये सुकोमल वचन कहे।

नाथ दसानन कर मैं भ्राता। निसिचर बंस जनम सुरत्राता।।
सहज पापप्रिय तामस देहा। जथा उलूकहि तम पर नेहा।।

हे देवताओं के पालक! मेरा राक्षसों के वंश में तो जन्म है और हे नाथ! मैं रावण का भाई।

स्वभाव से ही पाप मुझको प्रिय लगता है, और यह मेरा तामस शरीर है सो यह बात ऐसी है कि जैसे उल्लू का अंधकार पर सदा स्नेह रहता है, ऐसे ही मेरा पाप पर प्यार है।

दोहा-श्रवन सुजसु सुनि आयउँ प्रभु भंजन भव भीर।
त्राहि त्राहि आरति हरन सरन सुखद रघुबीर।।

तथापि हे प्रभु! हे भय और संकट मिटानेवाले! मै कानों से आपका सुयश सुनकर आपके शरण आया हूँ। सो हे आर्ति (दुःख) हरण हारे! हे शरणागतों को सुख देनेवाले प्रभु! मेरी रक्षा करो, रक्षा करो।

अस कहि करत दंडवत देखा। तुरत उठे प्रभु हरष बिसेषा।।
दीन बचन सुनि प्रभु मन भावा। भुज बिसाल गहि हृदयँ लगावा।।

ऐसे कहते हुए बिभीषण को दंडवत करते देखकर प्रभु बड़े अल्हाद के साथ तुरंत उठ खड़े हुए।

और बिभीषण के दीन वचन सुनकर प्रभु के मन में वे बहुत भाए और उसी से प्रभु ने अपनी विशाल भुजा से उनको उठाकर अपनी छाती से लगा लिया।

अनुज सहित मिलि ढिग बैठारी। बोले बचन भगत भयहारी।।
कहु लंकेस सहित परिवारा। कुसल कुठाहर बास तुम्हारा।।

लक्ष्मण सहित प्रभु ने उससे मिलकर उसको अपने पास बिठाया फिर भक्तों के हित करनेवाले प्रभु ने ये वचन कहे।

कि हे लंकेश विभीषण! आपके परिवार सहित कुशल तो है? क्योंकि आपका रहना कुमार्गियों के बीच में है।

खल मंडली बसहु दिनु राती। सखा धरम निबहइ केहि भाँती॥
मैं जानउँ तुम्हारि सब रीती। अति नय निपुन न भाव अनीती॥

रात-दिन तुम दुष्टों की मंडली के बीच रहते हो इससे, हे सखा! आपका धर्म कैसे निभता होगा।

मैने तुम्हारी सब गति जान ली है। तुम बडे नीतिनिपुण हो और तुम्हारा अभिप्राय अन्याय पर नहीं है (तुम्हें अनीति नहीं सुहाती)।

बरु भल बास नरक कर ताता। दुष्ट संग जनि देइ बिधाता॥
अब पद देखि कुसल रघुराया। जौं तुम्ह कीन्हि जानि जन दाया॥

रामचन्द्रजी के ये वचन सुनकर विभीषण ने कहा कि हे प्रभु! चाहे नरक में रहना अच्छा है परंतु दुष्ट की संगति अच्छी नहीं इसलिये हे विधाता! कभी दुष्ट की संगति मत देना।

हे रघुनाथजी! आपने अपना जन जानकर जो मुझपर दया की, उससे आपके दर्शन हुए। हे प्रभु! अब मैं आपके चरणों के दर्शन करने से कुशल हूँ।

दोहा-तब लगि कुसल न जीव कहुँ सपनेहुँ मन बिश्राम।
जब लगि भजत न राम कहुँ सोक धाम तजि काम॥

हे प्रभु! यह मनुष्य जब तक शोक के धामरूप काम अर्थात् लालसा को छोडकर श्रीरामचन्द्रजी के चरणों की सेवा नहीं करता तब तक इस जीव को स्वप्न में भी न तो कुशल है और न कहीं मन को विश्राम (शांति) है।

तब लगि हृदयँ बसत खल नाना। लोभ मोह मच्छर मद माना॥
जब लगि उर न बसत रघुनाथा। धरें चाप सायक कटि भाथा॥

जब तक धनुप बाण धारण किये और कमर में तरकस कसे हुए श्रीरामचन्द्रजी हृदय में आकर नहीं बिराजते तब तक लोभ, मोह, मत्सर, मद और मान ये अनेक दुष्ट हृदय के भीतर निवास कर सकते हैं और जब आप आकर हृदय में विराजते हो तब ये सब भाग जाते हैं।

ममता तरुन तमी अँधिआरी। राग द्वेष उलूक सुखकारी॥
तब लगि बसति जीव मन माहीं। जब लगि प्रभु प्रताप रबि नाहीं॥

जब तक जीव के हृदय में प्रभु का प्रतापरूपी सूर्य उदय नहीं होता तब तक राग-द्वेष रूप उल्लुओं को सुख देनेवाली ममतारूप सघन अंधकारमय अंधियारी रात्रि रहा करती है।

अब मैं कुसल मिटे भय भारे। देखि राम पद कमल तुम्हारे॥
तुम्ह कृपाल जा पर अनुकूला। ताहि न ब्याप त्रिबिध भव सूला॥

हे राम! अब मैंने आपके चरणकमलों का दर्शन कर लिया है इससे अब मैं कुशल हूं और मेरा विकट भय भी निवृत्त हो गया है। हे प्रभु! हे दयालु! आप जिसपर अनुकूल रहते हो उसको तीन प्रकार के भय और दुःख (आध्यात्मिक, आधिदैविक और आधिभौतिक ताप) कभी नहीं व्यापते।

मैं निसिचर अति अधम सुभाऊ। सुभ आचरनु कीन्ह नहिं काऊ॥
जासु रूप मुनि ध्यान न आवा। तेहिं प्रभु हरषि हृदयँ मोहि लावा॥

हे प्रभु! मैं जाति का राक्षस हूं। मेरा स्वभाव अति अधम है। मैंने कोई भी शुभ आचरण नहीं किया है।

तिसपर भी प्रभु ने कृपा करके आनंद से मुझको छाती से लगाया कि जिस प्रभु के स्वरूप को ध्यान पाना मुनि लोगों को भी कठिन है।

दोहा-अहोभाग्य मम अमित अति राम कृपा सुख पुंज।
देखेउँ नयन बिरंचि सिव सेब्य जुगल पद कंज॥

सुख की राशि रामचन्द्रजी की कृपा से अहो! आज मेरा भाग्य बड़ा अमित और अपार है क्योकि ब्रह्माजी और महादेवजी जिन चरणारविन्द-युगल की (युगल चरण कमलों की) सेवा करते हैं, उन चरणकमलों का मैंने अपने नेत्रों से दर्शन किया।

सुनहु सखा निज कहउँ सुभाऊ। जान भुसुंडि संभु गिरिजाऊ॥
जौं नर होइ चराचर द्रोही। आवै सभय सरन तकि मोही॥

बिभीषण की भक्ति देखकर रामचन्द्रजी ने कहा कि हे सखा! मैं अपना स्वभाव कहता हूं, सो तू सुन। मेरे स्वभाव को या तो महादेव जानते हैं, या माता पार्वती जानती हैं या काकभुशुंडि

जानते हैं, इनके सिवा दूसरा कोई नहीं जानता।

प्रभु कहते हैं कि जो मनुष्य चराचर से (जड़-चेतन) द्रोह रखता हो, और वह भयभीत होके मेरे शरण आ जाए तो।

तजि मद मोह कपट छल नाना। करउँ सद्य तेहि साधु समाना।।
जननी जनक बंधु सुत दारा। तनु धनु भवन सुहृद परिवारा।।

मद, मोह, कपट और नाना प्रकार के छल को छोड़कर हे सखा! मैं उसको साधु पुरुष के समान कर लेता हूँ।

देखो, माता, पिता, बंधू, पुत्र, श्री, सन, धन, घर, सुहृद और कुटुम्ब।

सब कै ममता ताग बटोरी। मम पद मनहि बाँध बरि डोरी।।
समदरसी इच्छा कछु नाहीं। हरष सोक भय नहिं मन माहीं।।

इन सबके ममतारूपी तागों को इकट्ठा करके एक सुन्दर डोरी बट (डोरी बनाकर) और उससे अपने मन को मेरे चरणों में बांध दे। अर्थात् सबमें से ममता छोड़कर केवल मुझमें ममता रखें, जैसे "त्वमेव माता पिता त्वमेव त्वमेव बंधूश्चा सखा त्वमेव। त्वमेव विद्या द्रविणं त्वमेव त्वमेव सर्व मम देवदेव"।

जो भक्त समदर्शी है और जिसके किसी प्रकार की इच्छा नहीं है तथा जिसके मनमें हर्ष, शोक, और भय नहीं है।

अस सज्जन मम उर बस कैसें। लोभी हृदयँ बसइ धनु जैसें।।
तुम्ह सारिखे संत प्रिय मोरें। धरउँ देह नहिं आन निहोरें।।

ऐसे सत्पुरुष मेरे हृदयमें कैसे रहते हैं, कि जैसे लोभी आदमी के मन में धन सदा बसा रहता है।

हे बिभीषण! तुम्हारे जैसे जो प्यारे सन्त भक्त हैं उन्ही के लिए मैं देह धारण करता हूं, और दूसरा मेरा कुछ भी प्रयोजन नहीं है।

दोहा-सगुन उपासक परहित निरत नीति दृढ़ नेम।
ते नर प्रान समान मम जिन्ह कें द्विज पद प्रेम।।

जो लोग सगुण उपासना करते हैं, बड़े हितकारी हैं, नीतिमें निरत है, नियम में दृढ़ हैं और जिनकी ब्राह्मणों के चरणकमलों में प्रीति है वे मनुष्य मुझको प्राणों के समान प्यारे लगते हैं।

सुनु लंकेस सकल गुन तोरें। तातें तुम्ह अतिसय प्रिय मोरें॥
राम बचन सुनि बानर जूथा। सकल कहहिं जय कृपा बरूथा॥

हे लंकेश (लंकापति)! सुनो, आपमें सब गुण हैं और इसीसे आप मुझको अतिशय प्यारे लगते हो।

रामचन्द्रजी के ये वचन सुनकर तमाम वानरों के झुंड कहने लगे कि हे कृपा के पुंज! आपकी जय हो।

सुनत बिभीषनु प्रभु कै बानी। नहिं अघात श्रवनामृत जानी॥
पद अंबुज गहि बारहिं बारा। हृदयँ समात न प्रेमु अपारा॥

विभीषण भी प्रभु की वाणीको सुनता हुआ उसको कर्णामृतरूप जानकर तृप्त नहीं होता था।

बारंबार रामचन्द्र जी के चरणकमल धरकर ऐसा आल्हादित हुआ कि वह अपार प्रेम हृदय के अंदर नहीं समाया

सुनहु देव सचराचर स्वामी। प्रनतपाल उर अंतरजामी॥
उर कछु प्रथम बासना रही। प्रभु पद प्रीति सरित सो बही॥

इस दशा को पहुँच कर बिभीषण ने कहा कि हे देव! चराचरसहित संसारके (चराचर जगत के) स्वामी! हे शरणागतों के पालक! हे हृदयके अंतर्यामी! सुनिए।

पहले मेरे जो कुछ वासना थी वह भी आपके चरणकमलकी प्रीतिरूप नदी से बह गई।

अब कृपाल निज भगति पावनी। देहु सदा सिव मन भावनी॥
एवमस्तु कहि प्रभु रनधीरा। मागा तुरत सिंधु कर नीरा॥

हे कृपालू! अब आप दया करके मुझको आपकी वह पावन करनहारी भक्ति दीजिए कि जिसको महादेवजी सदा धारण करते हैं।

रणधीर रामचन्द्रजी ने एवमस्तु ऐसे कहकर तुरत समुद्र का जल मँगवाया।

जदपि सखा तव इच्छा नहीं। मोर दरसु अमोघ जग माहीं॥
अस कहि राम तिलक तेहि सारा। सुमन बृष्टि नभ भई अपारा॥

हे सखा! यद्यपि तेरे किसी बात की इच्छा नहीं है तथापि जगत में मेरा दर्शन अमोघ है अर्थात् निष्फल नही है। ऐसे कहकर प्रभु ने

बिभीषण के राजतिलक कर दिया उस समय आकाश में से अपार पुष्पों की वर्षा हुई।

दोहा-रावन क्रोध अनल निज स्वास समीर प्रचंड।
जरत बिभीषनु राखेउ दीन्हेउ राजु अखंड॥

रावण का क्रोध तो अग्नि के समान है और उसका श्वास प्रचंड पवन के तुल्य है। उससे जलते हुए विभीषण को बचाकर प्रभुने उसको अखंड राज दिया।

जो संपति सिव रावनहि दीन्हि दिएँ दस माथ।
सोइ संपदा बिभीषनहि सकुचि दीन्हि रघुनाथ॥

महादेव ने दस माथे/मस्तक देने पर रावण को जो संपदा दी थी वह संपदा कम समझकर रामचन्द्रजी ने बिभीषण को सकुचते हुए दी।

अस प्रभु छाड़ि भजहिं जे आना। ते नर पसु बिनु पूँछ बिषाना॥
निज जन जानि ताहि अपनावा। प्रभु सुभाव कपि कुल मन भावा॥

ऐसे प्रभु को छोड़कर जो जीव दूसरे को भजते हैं वे मनुष्य बिना सींग पूंछ के पशु हैं।

प्रभु ने बिभीषण को अपना भक्त जानकर जो अपनाया, यह प्रभु का स्वभाव सब वानरों को अच्छा लगा।

पुनि सर्बग्य सर्ब उर बासी। सर्बरूप सब रहित उदासी॥
बोले बचन नीति प्रतिपालक। कारन मनुज दनुज कुल घालक॥

प्रभु तो सदा सर्वत्र, सबके घट में रहनेवाले (सबके हृदय में बसनेवाले), सर्वरूप (सब रूपों में प्रकट), सर्वरहित और सदा उदासीन ही हैं।

राक्षसकुल के संहार करनेवाले, नीति को पालनेवाले, माया से मनुष्यमूर्ति (कारण से भक्तों पर कृपा करने के लिए मनुष्य बने हुए), श्रीरामचन्द्रजी ने सब मंत्रियोंसे कहा।

सुनु कपीस लंकापति बीरा। केहि बिधि तरिअ जलधि गंभीरा॥
संकुल मकर उरग झष जाती। अति अगाध दुस्तर सब भाँति॥

हे लंकेश (लंकापति विभीषण)! हे वानरराज! हे वीर पुरुषों सुनो, अब इस गंभीर समुद्र से पार कैसे उतरें? वह युक्ति निकालो।

क्योंकि यह समुद्र सर्प, मगर और अनेक जाति की मछलियों से व्याप्त हो रहा है, बड़ा अथाह है, इसीसे सब प्रकार से मुझको तो दुस्तर (कठिन) मालूम होता है।

कह लंकेस सुनहु रघुनायक। कोटि सिंधु सोषक तव सायक।।
जद्यपि तदपि नीति असि गाई। बिनय करिअ सागर सन जाई।।

उस समय लंकेश अर्थात् विभीषण ने कहा कि हे रघुनाथ! सुनो, आपके बाण ऐसे हैं कि जिनसे करोडों समुद्र सूख जाए, तब इस समुद्र का क्या भार है।

तथापि नीति में ऐसा कहा है कि पहले साम वचनों से काम लेना चाहिये, इस वास्ते समुद्र के पास पधार कर आप विनती करो।

दोहा-प्रभु तुम्हार कुलगुर जलधि कहिहि उपाय बिचारि।
बिनु प्रयास सागर तरिहि सकल भालु कपि धारि।।

बिभीषण कहते हैं कि हे प्रभु! यह समुद्र आपका कुलगुरु है। सो विचार कर अवश्य उपाय कहेगा और उपाय को धरकर ये वानर और रीछ बिना परिश्रम समुद्र के पार हो जाएँगे।

सखा कही तुम्ह नीति उपाई। करिअ दैव जौं होइ सहाई।।
मंत्र न यह लछिमन मन भावा। राम बचन सुनि अति दुख पावा।।

बिभीषण की यह बात सुनकर रामचन्द्रजी ने कहा कि हे सखा! तुमने यह उपाय तो बहुत अच्छा बतलाया और हम इस उपाय को करेंगे भी, परंतु यदि दैव सहाय होगा तो सफल होगा।

यह सलाह लक्ष्मण के मनमें अच्छी नही लगी अतएव रामचन्द्रजी के वचन सुनकर लक्ष्मण ने बड़ा दुख पाया।

नाथ दैव कर कवन भरोसा। सोषिअ सिंधु करिअ मन रोसा।।
कादर मन कहुँ एक अधारा। दैव दैव आलसी पुकारा।।

लक्ष्मण ने कहा कि हे नाथ! दैव का क्या भरोसा है? आप तो मन में क्रोध लाकर समुद्र को सुखा दीजिये।

दैव पर भरोसा रखना यह तो कायर पुरुषों के मन का एक आधार है; क्योंकि वेही आलसी लोग दैव करेगा सो होगा ऐसा विचार कर दैव दैव करके पुकारते रहते हैं।

सुनत बिहसि बोले रघुबीरा। ऐसेहिं करब धरहु मन धीरा॥
अस कहि प्रभु अनुजहि समुझाई। सिंधु समीप गए रघुराई॥

लक्ष्मण के ये वचन सुनकर प्रभुने हँसकर कहा कि हे भाई! मैं ऐसे ही करूंगा पर तू मन मे कुछ धीरज धर।

प्रभु लक्ष्मण को ऐसे कह समझा-बुझा के समुद्र के निकट पधारे।

प्रथम प्रनाम कीन्ह सिरु नाई। बैठे पुनि तट दर्भ डसाई॥
जबहिं बिभीषन प्रभु पहिं आए। पाछें रावन दूत पठाए॥

प्रथम ही प्रभुने जाकर समुद्र को प्रणाम किया और फिर कुश बिछा कर उसके तटपर विराजे।

जब बिभीषण रामचन्द्रजी के पास चला आया तब पीछे से रावण ने अपना दूत भेजा।

दोहा-सकल चरित तिन्ह देखे धरें कपट कपि देह।
प्रभु गुन हृदयँ सराहहिं सरनागत पर नेह॥

उस दूत ने कपट से वानर का रूप धरकर वहां का तमाम हाल देखा। तहां प्रभु का शरणागतों पर अतिशय स्नेह देखकर उसने अपने मन में प्रभु के गुणों की बड़ी सराहना की।

प्रगट बखानहिं राम सुभाऊ। अति सप्रेम गा बिसरि दुराऊ॥
रिपु के दूत कपिन्ह तब जाने। सकल बाँधि कपीस पहिं आने॥

देखते-देखते प्रेम ऐसा बढ़ गया कि वह (रावणदूत शुक) छिपाना भूल कर रामचन्द्रजी के स्वभाव की प्रकट में प्रशंसा करने लग। जब वानरों ने जाना कि यह शत्रु का दूत है तब उसे बांधकर सुग्रीव के पास लाये।

कह सुग्रीव सुनहु सब बानर। अंग भंग करि पठवहु निसिचर॥
सुनि सुग्रीव बचन कपि धाए। बाँधि कटक चहु पास फिराए॥

सुग्रीव ने देखकर कहा कि हे वानरों सुनो, इस राक्षस दुष्ट को अंग-भंग करके भेज दो।

सुग्रीव के ये वचन सुनकर सब वानर दौड़े, फिर उसको बांध कर कटक (सेना) में चारों ओर फिराया।

बहु प्रकार मारन कपि लागे। दीन पुकारत तदपि न त्यागे॥
जो हमार हर नासा काना। तेहि कोसलाधीस कै आना॥

वानर उसको अनेक प्रकार से मारने लगे और वह अनेक प्रकार से दीन की भांति पुकारने लगा फिर भी वानरों ने उसको नहीं छोड़ा।

तब उसने पुकार कर कहा कि जो हमारी नाक कान काटते हैं उनको श्रीरामचन्द्रजी की शपथ है।

सुनि लछिमन सब निकट बोलाए। दया लागि हँसि तुरत छोड़ाए॥
रावन कर दीजहु यह पाती। लछिमन बचन बाचु कुलघाती॥

सेना में खरभर सुनकर लक्ष्मण ने उसको अपने पास बुलाया और दया आ जानेसे हँसकर लक्ष्मण ने उसको छुड़ा दिया।

एक पत्री लिख कर लक्ष्मण ने उसको दी और कहा कि यह पत्री रावण को देना और उस कुलघाती को कहना कि ये लक्ष्मण के हित वचन (संदेसे को) बाँचो।

दोहा-कहेहु मुखागर मूढ़ सन मम संदेसु उदार।
सीता देइ मिलहु न त आवा कालु तुम्हार॥

उस मूर्ख से मेरा बड़ा अपार सन्देशा मुहँ सें भी कह देना कि या तो तू सीताजी को देदे और हमारे शरण आजा, नहीं तो तेरा काल आया समझ।

तुरत नाइ लछिमन पद माथा। चले दूत बरनत गुन गाथा॥
कहत राम जसु लंकाँ आए। रावन चरन सीस तिन्ह नाए॥

लक्ष्मण के ये वचन सुन तुरंत लक्ष्मण के चरणों में सिर झुका कर रामचन्द्रजी के गुणों की प्रशंसा करता हुआ वह वहां से चला। रामचन्द्रजी के यश को गाता हुआ लंका में आया, रावण के पास जाकर उसने रावण के चरणों में प्रणाम किया।

बिहसि दसानन पूँछी बाता। कहसि न सुक आपनि कुसलाता॥
पुन कहु खबरि बिभीषन केरी। जाहि मृत्यु आई अति नेरी॥

उस समय रावण ने हँसकर उससे पूंछा कि हे शुक! अपनी कुशलता की बात कहो।

फिर विभीषण की कुशल कहो, कि जिसकी मौत बहुत निकट आ गयी है।

करत राज लंका सठ त्यागी। होइहि जव कर कीट अभागी।।
पुनि कहु भालु कीस कटकाई। कठिन काल प्रेरित चलि आई।।

उस शठ ने लंका को राज करते-करते छोड़ दिया सो अब उस अभागे की जवके (जौके) घुनके (कीड़ा) समान दशा होगी अर्थात् जैसे जव पीसने के साथ उसमें का घुन भी पिस जाता है, ऐसे राम के साथ वह भी मारा जाएगा।

फिर कहो कि रीछ और वानरों की सेना कैसी और कितनी है कि जो कठिन काल की प्रेरणा से इधर को चली आती है।

जिन्ह के जीवन कर रखवारा। भयउ मृदुल चित सिंधु बिचारा।।
कहु तपसिन्ह कै बात बहोरी। जिन्ह के हृदयँ त्रास अति मोरी।।

हे शुक! अभी उनके जीव की रक्षा करने वाला विचारा कोमल हृदय समुद्र हुआ है (उनके और राक्षसों के बीच में यदि समुद्र न होता तो अब तक राक्षस उन्हें मारकर खा गए होते)। सो रहे, इससे कितने दिन बचेंगे।

फिर उन तपस्वियों की बात कहो जिनके हृदय में मेरी बड़ी त्रास बैठ रही है (मेरा बड़ा डर है)।

दोहा-की भइ भेंट कि फिरि गए श्रवन सुजसु सुनि मोर।
कहसि न रिपु दल तेज बल बहुत चकित चित तोर।।

हे शुक! क्या तेरी उनसे भेंट हुई? क्या वे मेरी सुख्याति (सुयश) कानों से सुनकर पीछे लौट गए। हे शुक! शत्रु के दलका तेज आर बल क्यों नहीं कहता? तेरा चित्त चकित-सा (भौंचक्का-सा) कैसे हो रहा है।

नाथ कृपा करि पूँछेहु जैसें। मानहु कहा क्रोध तजि तैसें।।
मिला जाइ जब अनुज तुम्हारा। जातहिं राम तिलक तेहि सारा।।

रावण के ये वचन सुनकर शुक ने कहा कि हे नाथ! जैसे आप कृपा करके पूंछते हो ऐसे ही क्रोध को त्यागकर जो वचन में कहूं उसको मानो।

हे नाथ! जिस समय आपका भाई राम से जाकर मिला उसी क्षण रामने उसके राजतिलक कर दिया है।

रावन दूत हमहि सुनि काना। कपिन्ह बाँधि दीन्हें दुख नाना।।
श्रवन नासिका काटैं लागे। राम सपथ दीन्हें हम त्यागे।।

मैं वानर का रूप धरकर सेना के भीतर घुसा, सो फिरते-फिरते वानरों ने जब मुझको आपका दूत जान लिया तब उन्होंने मुझको बांधकर अनेक प्रकार का दुःख दिया।

मेरी नाक-कान काटने लगे, तब मैंने उनको रामकी शपथ दी तब उन्होंने मुझको छोड़ दिया।

पूँछिहु नाथ राम कटकाई। बदन कोटि सत बरनि न जाई।।
नाना बरन भालु कपि धारी। बिकटानन बिसाल भयकारी।।

हे नाथ! आप मुझको वानरों की सेना के समाचार पूँछते हो सो वे सौ करोड़ मुखों से तो कही नहीं जा सकती।

हे रावण! रीछ और वानर अनेक रंग धारण किये बड़े डरावने दीखते हैं, बड़े विकट उनके मुख हैं और बड़े विशाल उनके शरीर हैं।

जेहिं पुर दहेउ हतेउ सुत तोरा। सकल कपिन्ह महँ तेहि बलु थोरा।।
अमित नाम भट कठिन कराला। अमित नाग बल बिपुल बिसाला।।

हे रावण! जिसने इस लंकाको जलाया था और आपके पुत्र अक्षय कुमार को मारा था, उस वानर का बल तो सब वानरों में थोड़ा है। उनके बीच कई नामी भट पड़े हे, कि जो बड़े भयानक और बड़े कठोर हैं, जिनके नाना वर्ण वाले और विशाल व तेजस्वी शरीर हैं।

दोहा-द्विबिद मयंद नील नल अंगद गद बिकटासि।
दधिमुख केहरि निसठ सठ जामवंत बलरासि।।

उनमें जो बड़ेख़बड़े योद्धा हैं उनमें से कुछ नाम कहता हूँ सो सुनो द्विविद, मयन्द, नील, नल, अंगद वगैरे, विकटास्य, दधिरख, केसरी, कुमुद, गव और बलका पुंज जाम्बवन्त।

ए कपि सब सुग्रीव समाना। इन्ह सम कोटिन्ह गनइ को नाना।।
राम कृपाँ अतुलित बल तिन्हहीं। तृन समान त्रैलोकहि गनहीं।।

ये सब वानर सुग्रीव के समान बलवान हैं। इनके बराबर दूसरे करोड़ों वानर हैं, कौन गिन सकता है।

रामचन्द्रजी की कृपासे उनके बल की कुछ तुलना नहीं है। वे उनके प्रभाव से त्रिलोकी को तृण (घास) के समान समझते हैं।

अस मैं सुना श्रवन दसकंधर। पदुम अठारह जूथप बंदर॥
नाथ कटक महँ सो कपि नाहीं। जो न तुम्हहि जीतै रन माहीं॥

हे राजन! वहां मैं गिन तो नहीं सका परंनु कानों से ऐसा सुना था कि अठारह पद्म तो अकेले वानरों के सेनापति हैं।

हे नाथ! उस कटक में (सेना) ऐसा वानर एक भी नहीं है कि जो रण में आपको जीत न सके।

परम क्रोध मीजहिं सब हाथा। आयसु पै न देहिं रघुनाथा॥
सोषहिं सिंधु सहित झष ब्याला। पूरहिं न त भरि कुधर बिसाला॥

सब वानर बड़ा क्रोध करके हाथ मीजते हैं; परंतु बिचारे करें क्या? रामचन्द्रजी उनको आज्ञा नहीं देते।

वे ऐसे बली है कि मछलियां और सर्पों के साथ समुद्र को सुखा सकते हैं और नखों से विशाल पर्वत को चीर सकते हैं।

मर्दि गर्द मिलवहिं दससीसा। ऐसेइ बचन कहहिं सब कीसा॥
गर्जहिं तर्जहिं सहज असंका। मानहुँ ग्रसन चहत हहिं लंका॥

सब वानर ऐसे वचन कहते हैं कि हम जाकर रावण को मार कर उसी क्षण धूल में मिला देंगे।

वे स्वभाव से ही निशंक है, सो बेधड़क गरजते हैं और तर्जते हैं मानों वे अभी लंका को ग्रसना (निगलना) चाहते हैं।

दोहा-सहज सूर कपि भालु सब पुनि सिर पर प्रभु राम।
रावन काल कोटि कहुँ जीति सकहिं संग्राम॥

हे रावण! वे रीछ और वानर अव्वल तो स्वभावही से शूरवीर हैं और तिस पर फिर श्रीरामचन्द्रजी सिर पर हैं। इसलिए हे रावण! वे करोड़ों कालों को भी संग्राम में जीत सकते हैं।

राम तेज बल बुधि बिपुलाई। सेष सहस सत सकहिं न गाई॥
सक सर एक सोषि सत सागर। तव भ्रातहि पूँछेउ नय नागर॥

रामचन्द्रजी के तेज, बल, और बुद्धि की बढ़ाई को करोड़ों शेषजी भी गा नहीं सकते तब और की तो बात ही क्या।

यद्यपि वे एक बाण से सौ समुद्र कों सुखा सकते है परंतु आपका भाई बिभीषण नीति में परम निपुण है इसलिए श्री राम ने समुद्र का पार उतरने के लिये आपके भाई विभीषण से पूछा।

तासु बचन सुनि सागर पाहीं। मागत पंथ कृपा मन माहीं॥
सुनत बचन बिहसा दससीसा। जौं असि मति सहाय कृत कीसा॥

तब उसने सलाह दी कि पहले तो नरमी से काम निकालना चाहिये और जो नरमी से काम नहीं निकले तो पीछे तेजी करनी चाहिये। बिभीपण के ये वचन सुनकर श्री राम मन में दया रखकर समुद्र के पास मार्ग मांगते हैं।

दूत के ये वचन सुनकर रावण हँसा और बोला कि जिसकी ऐसी बुद्धि है, तभी तो वानरों को सहाय बनाया है।

सहज भीरु कर बचन दृढ़ाई। सागर सन ठानी मचलाई॥
मूढ़ मृषा का करसि बड़ाई। रिपु बल बुद्धि थाह मैं पाई॥

स्वभाव से डरपोक के (विभीषण के) वचनों पर दृढ़ता बांधी है तथा समुद्र से अबोध बालक की तरह मचलना (बालहठ) ठाना है। हे मूर्ख! उसकी झूठी बड़ाई तू क्यों करता है? मैंने शत्रु के बल और बुद्धि की थाह पा ली है।

सचिव सभीत बिभीषन जाकें। बिजय बिभूति कहाँ जग ताकें॥
सुनि खल बचन दूत रिस बाढ़ी। समय बिचारि पत्रिका काढ़ी॥

जिसके डरपोक बिभीषण जैसे मंत्री हैं उसके विजय और विभूति कहाँ?

खल रावण के ये वचन सुनकर दूत को बड़ा क्रोध आया। इससे उसने अवसर जानकर लक्ष्मण के हाथ की पत्री निकाली।

रामानुज दीन्हीं यह पाती। नाथ बचाइ जुड़ावहु छाती॥
बिहसि बाम कर लीन्हीं रावन। सचिव बोलि सठ लाग बचावन॥

कहा कि यह पत्रिका राम के छोटे भाई लक्ष्मण ने दी है। सो हे नाथ! इसको पढ़कर अपनी छाती को शीतल करो।

रावण ने हँसकर वह पत्रिका बाएं हाथ में ली और यह शठ (मूर्ख) अपने मंत्रियों को बुलाकर पढाने लगा।

दोहा-बातन्ह मनहि रिझाइ सठ जनि घालसि कुल खीस।
राम बिरोध न उबरसि सरन बिष्नु अज ईस॥

(पत्रिका में लिखा था) हे शट (अरे मूर्ख)! तू बातों से मन को भले रिझा ले, हे कुलांतक! अपने कुल का नाश मत कर, रामचन्द्रजी से विरोध करके विष्णु, ब्रह्मा और महेश के शरण जाने पर भी तू बच नही सकेगा।

की तजि मान अनुज इव प्रभु पद पंकज भृंग।
होहि कि राम सरानल खल कुल सहित पतंग॥

तू अभिमान छोड़कर अपने छोटे भाई के जैसे प्रभु के चरणकमलों का भ्रमर हो जा। अर्थात् रामचन्द्रजी के चरणों का चेरा होजा। अरे खल! रामचन्द्रजी के बाणरूप आग में तू कुलसहित पतंग मत हो, जैसे पतंग आग में पड़कर जल जाता है ऐसे तू रामचन्द्रजी के बाण से मृत्यु को मत प्राप्त हो।

सुनत सभय मन मुख मुसुकाई। कहत दसानन सबहि सुनाई॥
भूमि परा कर गहत अकासा। लघु तापस कर बाग बिलासा॥

ये अक्षर सुनकर रावण मनमें तो कुछ डरा, परंतु ऊपर से हँसकर सबको सुना के रावण ने कहा, कि इस छोटे तपस्वी की वाणी का विलास तो ऐसा है कि मानों पृथ्वी पर पड़ा हुआ आकाश को हाथ से पकड़े लेता है।

कह सुक नाथ सत्य सब बानी। समुझहु छाड़ि प्रकृति अभिमानी॥
सुनहु बचन मम परिहरि क्रोधा। नाथ राम सन तजहु बिरोधा॥

उस समय शुकने (दूत) कहा कि हे नाथ! यह वाणी सब सत्य है, सो आप स्वाभाविक अभिमान को छोड़कर समझ लो। हे नाथ! आप क्रोध तजकर मेरे वचन सुनो, और राम से जो विरोध बांध रक्खा है उसे छोड़ दो।

अति कोमल रघुबीर सुभाऊ। जद्यपि अखिल लोक कर राऊ॥
मिलत कृपा तुम्ह पर प्रभु करिही। उर अपराध न एकउ धरिही॥

यद्यपि वे राम सब लोकों के स्वामी हैं तो भी उनका स्वभाव बड़ा ही कोमल है।

आप जाकर उनसे मिलोगे तो मिलते ही वे आप पर कृपा करेंगे, आपके एक भी अपराध को वे दिल में नही रखेंगे।

जनकसुता रघुनाथहि दीजे। एतना कहा मोर प्रभु कीजे॥
जब तेहिं कहा देन बैदेही। चरन प्रहार कीन्ह सठ तेही॥

हे प्रभु! एक इतना कहना तो मेरा भी मानो कि सीता को आप रामचन्द्रजी को दे दो।

(शुक ने कई बातें कहीं परंतु रावण कुछ नहीं बोला परंतु) जिस समय सीता को देनेकी बात कही उसी क्षण उस दुष्ट ने शुक को (दूतको) लात मारी।

नाइ चरन सिरु चला सो तहाँ। कृपासिंधु रघुनायक जहाँ॥
करि प्रनामु निज कथा सुनाई। राम कृपाँ आपनि गति पाई॥

तब वह भी (विभीषण की भाँति) रावण के चरणों में सिर नमा कर वहां को चला कि जहां कृपा के सिंधु श्री रामचन्द्रजी विराजे थे।

रामचन्द्रजी को प्रणाम करके उसने वहां की सब बात कही। तदनंतर वह राक्षस रामचन्द्रजी की कृपा से अपनी गति अर्थात् मुनि शरीर को प्राप्त हुआ।

रिषि अगस्ति कीं साप भवानी। राछस भयउ रहा मुनि ग्यानी॥
बंदि राम पद बारहिं बारा। मुनि निज आश्रम कहुँ पगु धारा॥

महादेवजी कहते हैं कि हे पार्वती! यह पूर्वजन्म में बड़ा ज्ञानी मुनि था, सो अगस्त्य ऋषि के शाप से राक्षस हुआ था।

यहां रामचन्द्रजी के चरणों को बारंबार नमस्कार करके फिर अपने आश्रम को गया।

दोहा-बिनय न मानत जलधि जड़ गए तीनि दिन बीति।
बोले राम सकोप तब भय बिनु होइ न प्रीति॥

जब जड़ समुद्र ने विनयसे नहीं माना अर्थात् रामचन्द्रजी को दर्भासन पर बैठे तीन दिन बीत गये तब रामचन्द्रजी ने क्रोध करके कहा कि भय बिना प्रीति नहीं होती।

लछिमन बान सरासन आनू। सोषौं बारिधि बिसिख कृसानु॥
सठ सन बिनय कुटिल सन प्रीति। सहज कृपन सन सुंदर नीति॥

हे लक्ष्मण! धनुष बाण लाओ क्योंकि अब इस समुद्र को बाण की आग से सुखाना होगा।

देखो, इतनी बातें सब निष्फल जाती हैं। शठ के पास विनय करना, कुटिल आदमी से प्रीति रखना, स्वाभाविक कंजूस आदमी के पास सुन्दर नीति का कहना।

ममता रत सन ग्यान कहानी। अति लोभी सन बिरति बखानी॥
क्रोधिहि सम कामिहि हरिकथा। ऊसर बीज बएँ फल जथा॥

ममता से भरे हुए जनके पास ज्ञान की बात कहना, अतिलोभी के पास वैराग्य का प्रसंग चलाना।

क्रोधी के पास समता का उपदेश करना, कामी (लंपट) के पास भगवान की कथा का प्रसंग चलाना और ऊसर भूमि में बीज बोना ये सब बराबर है।

अस कहि रघुपति चाप चढ़ावा। यह मत लछिमन के मन भावा॥
संधानेउ प्रभु बिसिख कराला। उठी उदधि उर अंतर ज्वाला॥

ऐसे कहकर रामचन्द्रजी ने अपना धनुष चढ़ाया। यह रामचन्द्रजी का मत लक्ष्मण के मनको बहुत अच्छा लगा।

प्रभु ने इधर तो धनुष में विकराल बाण का सन्धान किया और उधर समुद्र के हृदय के बीच संताप की ज्वाला उठी।

मकर उरग झष गन अकुलाने। जरत जंतु जलनिधि जब जाने॥
कनक थार भरि मनि गन नाना। बिप्र रूप आयउ तजि माना॥

मगर, सांप, और मछलियां घबरायीं और समुद्र ने जाना कि अब तो जलखजन्तु जलने हैं।

तब वह मान को तज, ब्राह्मण का स्वरूप धर, हाथ में अनेक मणियों से भरा हुआ कंचन का थार ले बाहर आया।

दोहा-काटेहिं पइ कदरी फरइ कोटि जतन कोउ सींच।
बिनय न मान खगेस सुनु डाटेहिं पइ नव नीच॥

कभुशुंडि ने कहा कि हे गरुड़! देखा, केला काटने से ही फलता है। चाहे दूसरे करोडों उपाय कर लो और ख़ूब सींच लो, परंतु बिना काटे नहीं फलता। ऐसे ही, नीच आदमी विनय करने से नहीं मानता किंतु डाटने से ही मानता है।

सभय सिंधु गहि पद प्रभु केरे। छमहु नाथ सब अवगुन मेरे॥
गगन समीर अनल जल धरनी। इन्ह कइ नाथ सहज जड़ करनी॥

समुद्र ने भयभीत होकर प्रभु के चरण पकड़े और प्रभु से प्रार्थना की कि हे प्रभु मेरे सब अपराध क्षमा करो।

हे नाथ! आकाश, पवन, अग्नि, जल, और पृथ्वी इनकी करणी स्वभाव ही से जड़ है।

तव प्रेरित मायाँ उपजाए। सृष्टि हेतु सब ग्रंथनि गाए॥
प्रभु आयसु जेहि कहँ जस अहई। सो तेहि भाँति रहें सुख लहई॥

सृष्टि के निमित्त आपकी ही प्रेरणा से माया से ये प्रकट हुए हैं, सो यह बात सब ग्रंथों में प्रसिद्ध है।

हे प्रभु! जिसको स्वामी की जैसी आज्ञा होती है वह उसी तरह रहता है तो सुख पाता है।

प्रभु भल कीन्ह मोहि सिख दीन्ही। मरजादा पुनि तुम्हरी कीन्ही॥
ढोल गवाँर सूद्र पसु नारी। सकल ताड़ना के अधिकारी॥

हे प्रभु! आपने जो मुझको शिक्षा दी, यह बहुत अच्छा किया; परंतु मर्यादा तो सब आपकी ही बांधी हुई है गंवार, शूद्र, पशु तथा नारी दंड के अधिकारी होते हैं ऐसा अज्ञानी लोग ही समझते हैं।

प्रभु प्रताप मैं जाब सुखाई। उतरिहि कटकु न मोरि बड़ाई॥
प्रभु अग्या अपेल श्रुति गाई। करौं सो बेगि जो तुम्हहि सोहाई॥

हे प्रभु! मैं आपके प्रताप से सूख जाऊंगा और उससे कटक भी पार उतर जाएगा। परंतु इसमें मेरी महिमा घट जायगी।

प्रभु की आज्ञा अपेल (अर्थात अनुल्लंघनीय ख्र आज्ञा का उल्लंघन नहीं हो सकता) है। सो यह बात वेद में गायी है। अब जो आपको जचे वही आज्ञा देवें सो मै उसके अनुसार शीघ्र करूं।

दोहा-सुनत बिनीत बचन अति कह कृपाल मुसुकाइ।
जेहि बिधि उतरै कपि कटकु तात सो कहहु उपाइ॥

समुद्र के ऐसे अतिविनीत वचन सुनकर, मुस्कुरा कर, प्रभुने कहा कि हे तात! जैसे यह हमारा वानर का कटक पार उतर जाय वैसा उपाय करो।

नाथ नील नल कपि द्वौ भाई। लरिकाईं रिषि आसिष पाई॥
तिन्ह कें परस किएँ गिरि भारे। तरिहहिं जलधि प्रताप तुम्हारे॥

रामचन्द्रजी के ये वचन सुनकर समुद्र ने कहा कि हे नाथ! नील और नल ये दोनों भाई है। नल को बचपन में ऋषियों से आशीर्वाद मिला हुआ है।

इस कारण हे प्रभु! नल का छुआ हुआ भारी पर्वत भी आपके प्रताप से समुद्र पर तैर जाएगा।

मैं पुनि उर धरि प्रभु प्रभुताई। करिहउँ बल अनुमान सहाई।।
एहि बिधि नाथ पयोधि बँधाइअ। जेहिं यह सुजसु लोक तिहुँ गाइअ।।

हे प्रभु! मुझसे जो कुछ बन सकेगा वह अपने बलके अनुसार आपकी प्रभुता कों हदयमें रखकर मै भी सहाय करूंगा।

हे नाथ! इस तरह आप समुद्र में सेतु बांध दीजिये कि जिसको विद्यमान देखकर त्रिलोकी में लोग आपके सुयशको गाते रहेंगे।

एहि सर मम उत्तर तट बासी। हतहु नाथ खल नर अघ रासी।।
सुनि कृपाल सागर मन पीरा। तुरतहिं हरी राम रनधीरा।।

हे नाथ! इसी बाण से आप मेरे उत्तर तटपर रहने वाले पाप के पुंज दुष्टों का संहार करो।

ऐसे दयालु रणधीर श्रीरामचन्द्रजी ने सागर के मनकी पीड़ा को जानकर उसको तुरंत हर लिया।

देखि राम बल पौरुष भारी। हरषि पयोनिधि भयउ सुखारी।।
सकल चरित कहि प्रभुहि सुनावा। चरन बंदि पाथोधि सिधावा।।

समुद्र रामचन्द्रजी के अपरिमित (अपार) बल को देखकर आनंदपूर्वक सुखी हुआ।

समुद्र ने सारा हाल रामचन्द्रजी को कह सुनाया, फिर चरणों को प्रणाम कर अपने धाम को सिधारा।

छंद-निज भवन गवनेउ सिंधु श्रीरघुपतिहि यह मत भायऊ।
यह चरित कलि मलहर जथामति दास तुलसी गायऊ।।
सुख भवन संसय समन दवन बिषाद रघुपति गुन गना।
तजि सकल आस भरोस गावहि सुनहि संतत सठ मना।।

समुद्र तो ऐसे प्रार्थना करके अपने घर को गया। रामचन्द्रजी के भी मन में यह समुद्र की सलाह भा गयी।

तुलसीदासजी कहते हैं कि कलियुग के पापों को हरने वाला यह रामचन्द्रजी का चरित मेरी जैसी बुद्धि है वैसा मैंने गाया है; क्योंकि रामचन्द्रजी के गुणगाण (गुणसमूह) ऐसे हैं कि वे सुख के तो धाम हैं, संशय के मिटानेवाले हैं और विषाद (रंज) को शांत करन`वाले हैं सो जिनका मन पवित्र है और जो सज्जन पुरुष हैं, वे उन चरित्रों को सब आशा और सब भरोसों को छोड़ कर गाते हैं और सुनते हैं।

दोहा-सकल सुमंगल दायक रघुनायक गुन गान।
सादर सुनहिं ते तरहिं भव सिंधु बिना जलजान॥

सर्व प्रकार के सुमंगल देनेवाले रामचन्द्रजी के गुणों का जो मनुष्य गान करते हैं और आदरसहित सुनते हैं वे लोग संसार समुद्र को बिना नाव पार उतर जाते हैं।

श्री हनुमान चालीसा

श्रीगुरु चरन सरोज रज, निज मनु मुकुरु सुधारि।
बरनउँ रघुबर बिमल जसु, जो दायकु फल चारि॥
बुद्धिहीन तनु जानिके, सुमिरौं पवन-कुमार।
बल बुधि बिद्या देहु मोहिं, हरहु कलेस बिकार॥

जय हनुमान ज्ञान गुन सागर। जय कपीस तिहुँ लोक उजागर॥
राम दूत अतुलित बल धामा। अंजनि पुत्र पवनसुत नामा॥
महाबीर बिक्रम बजरंगी। कुमति निवार सुमति के संगी॥
कंचन बरन बिराज सुबेसा। कानन कुण्डल कुँचित केसा॥
हाथ बज्र अरु ध्वजा बिराजै। काँधे मूँज जनेउ साजै॥
शंकर सुवन केसरी नंदन। तेज प्रताप महा जगवंदन॥
विद्यावान गुनी अति चातुर। राम काज करिबे को आतुर॥
प्रभु चरित्र सुनिबे को रसिया। राम लखन सीता मन बसिया॥
सूक्ष्म रूप धरि सियहिं दिखावा। विकट रूप धरि लंक जरावा॥
भीम रूप धरि असुर सँहारे। रामचन्द्र के काज सँवारे॥
लाय सजीवन लखन जियाए। श्री रघुबीर हरषि उर लाये॥
रघुपति कीन्ही बहुत बड़ाई। तुम मम प्रिय भरतहि सम भाई॥
सहस बदन तुम्हरो जस गावैं। अस कहि श्रीपति कण्ठ लगावैं॥
सनकादिक ब्रह्मादि मुनीसा। नारद सारद सहित अहीसा॥
जम कुबेर दिगपाल जहाँ ते। कबि कोबिद कहि सके कहाँ ते॥
तुम उपकार सुग्रीवहिं कीह्ला। राम मिलाय राज पद दीह्ला॥
तुम्हरो मंत्र बिभीषण माना। लंकेश्वर भए सब जग जाना॥
जुग सहस्त्र जोजन पर भानु। लील्यो ताहि मधुर फल जानू॥
प्रभु मुद्रिका मेलि मुख माहीं। जलधि लाँघि गये अचरज नाहीं॥

दुर्गम काज जगत के जेते। सुगम अनुग्रह तुम्हरे तेते॥
राम दुआरे तुम रखवारे। होत न आज्ञा बिनु पैसारे॥
सब सुख लहै तुम्हारी सरना। तुम रक्षक काहू को डरना॥
आपन तेज सम्हारो आपै। तीनों लोक हाँक तै काँपै॥
भूत पिशाच निकट नहिं आवै। महावीर जब नाम सुनावै॥
नासै रोग हरै सब पीरा। जपत निरंतर हनुमत बीरा॥
संकट तै हनुमान छुडावै। मन क्रम बचन ध्यान जो लावै॥
सब पर राम तपस्वी राजा। तिनके काज सकल तुम साजा॥
और मनोरथ जो कोई लावै। सोई अमित जीवन फल पावै॥
चारों जुग परताप तुम्हारा। है परसिद्ध जगत उजियारा॥
साधु सन्त के तुम रखवारे। असुर निकंदन राम दुलारे॥
अष्ट सिद्धि नौ निधि के दाता। अस बर दीन जानकी माता॥
राम रसायन तुम्हरे पासा। सदा रहो रघुपति के दासा॥
तुम्हरे भजन राम को पावै। जनम जनम के दुख बिसरावै॥
अंतकाल रघुवरपुर जाई। जहाँ जन्म हरिभक्त कहाई॥
और देवता चित्त ना धरई। हनुमत सेइ सर्ब सुख करई॥
संकट कटै मिटै सब पीरा। जो सुमिरै हनुमत बलबीरा॥
जय जय जय हनुमान गोसाई। कृपा करहु गुरुदेव की नाई॥
जो सत बार पाठ कर कोई। छूटहि बंदि महा सुख होई॥
जो यह पढ़ै हनुमान चालीसा। होय सिद्धि साखी गौरीसा॥
तुलसीदास सदा हरि चेरा। कीजै नाथ हृदय मह डेरा॥

॥ दोहा ॥

पवन तनय संकट हरन, मंगल मूरति रूप॥
राम लखन सीता सहित, हृदय बसहु सुर भूप॥

श्री हनुमानजी की आरती

आरती कीजै हनुमान लला की। दुष्ट दलन रघुनाथ कला की॥
जाके बल से गिरिवर कांपे। रोग दोष जाके निकट न झांके॥
अंजनि पुत्र महा बलदाई। सन्तन के प्रभु सदा सहाई॥
दे बीरा रघुनाथ पठाए। लंका जारि सिया सुधि लाए॥
लंका सो कोट समुद्र-सी खाई। जात पवनसुत बार न लाई॥
लंका जारि असुर संहारे। सियारामजी के काज सवारे॥
लक्ष्मण मूर्छित पड़े सकारे। आनि संजीवन प्राण उबारे॥
पैठि पाताल तोरि जम-कारे। अहिरावण की भुजा उखारे॥
बाएं भुजा असुरदल मारे। दाहिने भुजा संतजन तारे॥
सुर नर मुनि आरती उतारें। जय जय जय हनुमान उचारें॥
कंचन थार कपूर लौ छाई। आरती करत अंजना माई॥
जो हनुमानजी की आरती गावे। बसि बैकुण्ठ परम पद पावे॥
आरती कीजै हनुमान लला की। दुष्ट दलन रघुनाथ कला की॥

www.ingramcontent.com/pod-product-compliance
Lightning Source LLC
LaVergne TN
LVHW012021041026
849558LV00003B/103